GAEA

Gaea

謝宜安——著

特搜！臺灣都市傳說

特搜！

臺灣都市傳說

目錄

不安的空間

錯置的歷史

現代妖怪

推薦序
爲何我們要理解都市傳說？

瀟湘神

各位是從哪裡聽到「都市傳說」這個詞的？

以我自己爲例，最早是在日本的動漫、遊戲裡看到。像裂嘴女啦、紅斗篷與藍斗篷啦，甚至廁所裡的花子，當時都被歸類在「都市傳說」，而且被角色化，甚至妖怪化——我的意思是，在單方面接受娛樂作品的過程中，我無法區分都市傳說與妖怪有何不同，因爲它們在作品中都被角色化了。裂嘴女會依特殊的規則採取行動（把口罩脫下來問「我美嗎」，並襲擊回答的人），這是都市傳說的內涵。但能夠與主角互動、對話，甚至有個人意識與情感，能生氣與害羞，這就是角色化。雖然從娛樂創作的角度出發，角色化無可厚非，但這種詮釋排除了都市傳說的本質，使讀者無法認識都市傳說的眞面目。同理，娛樂化、角色化的妖怪也是。對我們這些透過娛樂來認識都市傳說或妖怪的人來說，難免有種「都市傳說與妖怪差不多」的印象，畢竟，我們在娛樂作品中看到的並不是都市傳說與妖怪，而是披著它們名義的其他東西。

都市傳說與鬼怪作爲徘徊在社會中的流言，或許有共通的原理，但要是說「都市傳說是一種妖怪」，就未免太簡略了，舉個最明顯的例子：都市傳說未必是形象化的鬼怪。像在旅館過了一夜，醒來發現被偷走了一顆腎、地下道有鱷魚、走進換衣間的女性就此失蹤，再次發現時被賣到其他國家等等，這些傳說就迥異於作祟的超自然魔怪，甚至有些只是刑事案件（如果眞有其事的話）。這些傳說，我們多少也聽過一些，卻未必意識到這算是都市傳說——這也是當然的，對一般大眾來說，「都市傳說」是透過娛樂作品或國際媒體橫向移植的概念，而非學術研究的定義，所以對於某個世代的讀者群，即使知道這個辭彙，也未必能正確理解其意義。事實上，現在也還是如此。畢竟臺灣不是自發性走向現代，而是被殖民推向現代，這或許會讓我們對身處的現代難以自我覺察。因此，即使我們廣泛地聽過都市傳說這個詞，我們對都市傳說的了解卻是貧乏的，都市傳說是一種我們習以爲常，其實相當無知的流言。

那麼，爲何我們要知道都市傳說是什麼，又爲何必須要了解都市傳說？都市傳說到底有何重要？

近幾年間，我們臺北地方異聞工作室開始研究臺灣鬼怪，並察覺到鬼怪不是個別、獨立的「角色」，而是文化的記憶、傳統生活的證明，換言之，鬼怪與社會的脈動息息相關，這種脈動不限於傳統生活方式，還延續到當代；如果我們只把鬼怪當成舊時代的迷信、進步的腫瘤，並加以嘲笑、擯棄，其實無助於我們了解自己，甚至在割除腫瘤的同時，也割除了生活。有些人以爲，要了解過去，透過歷史紀錄即可，不需要鬼怪這種不嚴肅的對象，但我不認同這種觀點。對於過去，我們怎能只看我們想看的，無視我們不喜歡的部分？生活是一個整體，不能被分割。更不用說，鬼怪當然有嚴肅的面向，只是受到娛樂化鬼怪的刺激，有時我們會忘了這件事。

都市傳說也是同樣的道理。

說到底，都市傳說就是一種「流言」——對於流言，我們可能會說「那就是假的。既然是假的，不要當眞就好」。可是眞的如此嗎？虛假雖然無所不在，卻不見得每個虛假都有散布性。都市傳說能夠流傳出去，形成恐懼，甚至能改變社會的脈動（以幽靈船傳說爲例，可說直接毀滅了一個商場），有著如此強大的力量，能以區區「虛假」視之嗎？就像不該把鬼怪傳說視爲單純的迷信，我們同樣不該把都市傳說當成可有可無的虛構。

爲何流言能傳播出去？流言到底在回應什麼，在主張什麼？無論是怎樣的都市傳說，都必然遵從著某種原理，反映出社會的實態。眞實固然有價值，但若是認爲虛假沒有價值，就大錯特錯了。透過理解有力量的虛假，我們得以認清社會隱而不宣的內情，這能帶給我們不被恐懼驅使的力量，也能讓我們反省社會與人性。

眞的嗎？理解都市傳說眞有這麼大的力量？其實就像所有知識一樣，所謂的力量可大可小，端看運用的時機與方法。透過謝宜安這本書，希望讀者能從都市傳說裡看到不同的東西，跳脫「都市傳說只是傳說，沒有意義」的想像，甚至讓我們對都市傳說的那份理解，能夠成爲社會參與的一環。

作者序
臺灣有都市傳說嗎？

謝宜安

臺灣有都市傳說嗎？我本來以為沒有。但是沒想到，我早就聽過了無數的都市傳說。許多曾經把我嚇得半死的「眞實事件」，實際上都是都市傳說。只是我並不知情。

講起「都市傳說」，很多人想到的都是裂嘴女、人面犬、廁所裡的花子……這些日本的都市傳說，頂多還有鉤子、男友之死、更衣室的暗門之類的西方都市傳說。臺灣有都市傳說嗎？除了近幾年來，因爲網路討論與電影而變得廣爲人知的「紅衣小女孩」跟「人面魚」以外，臺灣好像沒有什麼都市傳說。就算有，也通常是一篇「十大臺灣都市傳說」的網路文章就說得完的。

眞的是這樣嗎？

實際上並非如此。不過，要了解「臺灣有哪些都市傳說」，必須先了解「都市傳說」是什麼。都市傳說（Urban Legend）原本是一個學術名詞，「都市傳說」研究屬於民俗研究的一部分，只是和「民俗」常給人的古老印象不同，都市傳說是「當代的民俗傳說」。這個概念由美國民俗學教授布魯范德一九八一年出版的《消失的搭車客：美國都市傳說及其意義》一書開始普及。他所定義的「都市傳說」，是「大家都聽過，並把它當成是眞的」的那些故事。

以傳播形式而言，「都市傳說」是「人與人之間的自發流傳」的故事。

在布魯范德的時代，他把傳播形式定義爲「口頭流傳」，那是因爲當時還沒有網路。通過網路時代的電子郵件、BBS、論壇、部落格、Facebook 等管道，都是都市傳說流傳的方式。

以內容而言，「都市傳說」是「人人都以爲是眞的，但實際上並不是」的故事。

都市傳說研究往往會說明「這件事並非事實」，但都市傳說研究的並不在於「拆穿謊言」，而在於理解「爲什麼這樣的傳說，會讓我們想告訴別人」。我們想傳述這些故事，往往是因爲都市傳說反映了這個時代我們的慾望、恐懼與焦慮。因此透過解讀都市傳說，就可以直探人們的內心。

那麼，都市傳說是「流言」或「謠言」嗎？

是。只是都市傳說是流言當中「比較完整的一種」。流言有分很多層次，有時只有簡單一句話（例如「某女性政治人物墮了胎」），都市傳說是情節豐富、故事性完整的流言。

那「都市傳說」跟「民俗傳說」的關係又是什麼？

都市傳說就是民俗傳說的一種，只是它是屬於當代的。早先的民俗傳說往往脫離不了傳統社會，例如「椅子姑」和傳統的「關神」儀式有關。都市傳說則以當代的工業化、現代化生活爲背景，所以都市傳說充滿了飛機、汽車、連鎖店、下水道、旅行、購物……等等的當代元素。

我是臺北地方異聞工作室的一員。我們研究妖怪傳說時，原本一度以爲「當代已經無妖」，現代性的牢籠囚禁了妖怪。但是接觸到都市傳說之後，我們才發現，民俗傳說依然活著，妖異並沒有死滅。新的傳說和妖怪還在被創造，只是人們還沒有發覺。

當我原本以爲「臺灣沒有都市傳說」時，其實我已經聽過了無數個都市傳說。

長輩用來警惕我去中國要小心器官被偷的「盜腎傳說」，是都市傳說。

一度害我嚇得不敢吃肯德基的「肯德基的雞有六隻腳」，是都市傳說。

曾經聽過的「電影院座位上會有愛滋針頭」，是都市傳說。

讓國小時長髮及腰的我，坐自由落體一定會綁頭髮的「長髮女生坐大怒神慘死」傳言，是都市傳說。

大學時覺得很好玩的「蔣公銅像會動」鬼故事，是都市傳說。

只是因爲臺灣的都市傳說研究十分缺乏[1]，因此多數都市傳說並沒被指認。相較之下，有些常被當成都市傳說的，反而並非都市傳說。例如「地上紅包不要撿」、「送肉粽」、「魔神仔」，都是傳統的民俗儀式與傳說，並非當代的都市傳說。

這本書一共收錄了十三個都市傳說的考察，分別是：「華航空難靈異錄音」、「幽靈船」、「中廣丐童事件」、「盜腎傳說」、「肯德基怪雞」、「辛亥隧道搭車女鬼」、「愛滋針頭扎人」、「長髮女生坐大怒神慘死」、「某地以前是日據刑場」、「蔣公銅像會動」、「嬰靈」、「人面魚」，以及雖然不完全符合都市傳說定義，但有討論必要的「紅衣小女孩」。

我之所以選中這幾個都市傳說，大抵依循的原則是：

1 有明確的流傳軌跡

成爲都市傳說的條件之一是它曾經廣泛流傳，這本書中的「中廣丐童事件」和「人面魚」，還到了引起社會恐慌的程度。

2 該傳說已被認證爲都市傳說

「盜腎傳說」、「肯德基怪雞」、「愛滋針頭扎人」、「長髮女生坐大怒神慘死」是

---

1 我參考的都市傳說研究，主要是由中國翻譯的《消失的搭車客：美國都市傳說及其意義》，與二〇〇三年麥田出版，由法國都市傳說研究者坎皮農．文森和荷納所著的《都會傳奇：流傳全球大城市的謠言、耳語、趣聞》，還有日本傳播學者松田美佐所著的《流言效應》這幾本。當西方與日本的都市傳說研究已累積豐富時，臺灣仍欠缺對自身都市傳說的研究。僅有一本二〇一〇年銘顯出版的《現代怪奇新聞畫報：令人不安的都市傳說》介紹「本土的」都市傳說，然而較為簡短。除此之外，伊藤龍平、謝佳靜《現代台湾鬼譚——海を渡った「学校の怪談」》一書分析不少臺灣的校園怪談，有些論點十分有力，可惜沒有中文版本。謝佳靜以田野方式研究臺灣小學生怪談的碩士論文《学校の怪談の台日比較》也以日文寫成。

公認的都市傳說。除此之外，有些臺灣都市傳說擁有和國外都市傳說相同的架構：「中廣丐童事件」跟「孩童失蹤被綁架」、「不倒翁」的都市傳說相似，「辛亥隧道搭車女鬼」同於「消失的搭車客」，「蔣公銅像會動」和日本的「二宮金次郎會動」傳說相似。「某地以前是日據刑場」傳說，則曾出現在伊藤龍平、謝佳靜研究臺灣校園怪談的《現代台湾鬼譚——海を渡った「学校の怪談」》一書中。以上這些傳說，都已經被認證爲都市傳說。

除此之外，由於都市傳說研究重視的是「人們傳播流言的動機」，而這個動機，通常與現代生活如新科技等有關。因此我將「華航空難靈異錄音」跟「嬰靈」，也納入都市傳說的框架下討論。

這本書的每一篇，大抵都依循以下體例：

1　都市傳說文本

在文章的一開始，都會放上都市傳說的某個廣爲流傳的網路文字版本，或者具有代表性（經由報紙或電視散播）的特定版本。網路文字版本在出版時經過基本的編輯，在盡量不改動的前提下，修改了少數斷句、不通順、錯字與標點符號。

2 都市傳說出現時間的考察

文章的前半部分，我會交代「這些都市傳說是在何時出現的？」、「這些傳說在國外有沒有流傳？」、「怎麼進口？」、「又在什麼時間點在臺灣傳播開來？」、「傳說本身經過什麼樣的演變？」等問題。

3 都市傳說反映了什麼恐懼或焦慮

考察都市傳說的出現與演變，是爲了幫助我們解讀「都市傳說爲何會流傳開來」的謎團。通常都是因爲發生了什麼關鍵性的事件，或者是出現了某些改變人們生活的趨勢，人們在當下有某些特定的不安與恐懼，因此那些都市傳說才會在某個時刻流傳開來。

我大約在兩年前開始撰寫臺灣都市傳說的文章。在這兩年的考察中，我覺得我經歷了一趟一九九〇至二〇〇〇年代的時光之旅，深入理解了當時人們的心靈。因爲都市傳說的概念，帶領我們不帶責備眼光地理解人們「傳播流言」的動機。人類不是什麼樣的流言都會傳播，也不是所有流言都會造成社會恐慌，因此那些流言必然是切中了某些深層的情感。透過理解虛構的流言，我們可以抵達那份眞實的情感。

臺灣有都市傳說嗎？

這問題很重要，我得用一本書來回答你。

臺灣的恐懼記憶

空難後接到靈異電話？

華航空難都市傳說

近來收到一封臺灣人的E-mail內容如下：

四月三十日，如往常去上班，照例坐上座位打開手機。

咦，怎麼有一封短訊？我在想可能又是告訴我，我中了頭獎或什麼獎有多少萬，要我回電去領獎。因為先前就常收到，前後共中了約九十萬……這當然是騙人的，我都沒去理會。

但在還沒收聽這封短訊前，我先閃過一個念頭：以往那詐騙短訊都大概上午十點左右收到，這封時間怎麼不一樣？

不管那麼多，還是看一下，看這次我又中了多少萬。

欸？奇怪……

因為我是遠傳用戶，訊息叫我直撥222，有一通語音留言。但這就更奇怪了，我有手機以來，從沒收到過語音留言。朋友中更不會有人會去留言，因為找我很方便，手機不通，就一定在家裡，打家裡電話就可以找到我。更何況我朋友不多，知道我手機號碼的不超過十人，他們人品應該都不至於這樣無聊，會留語音信箱惡作劇。

但是當我收聽語音留言時，第一直覺就是：誰在惡作劇呀？

越聽越毛骨悚然，尤其背景傳來海浪的聲音……

而對方在說什麼，卻一直聽不清楚。

不知道誰可以聽清楚他說什麼……請告訴我。

我於是拿給同事聽，他們第一直覺都感覺那人是在海上漂浮。他們說可能是惡作劇，也可能是華航受難者，臨時情急，撥錯了我的手機號碼。

我寧願這是惡作劇，但也怕是華航受難者。

因為那天早上，已經是華航失事第六天了，當晚就是頭七……

我向遠傳公司查詢幾次，都無法得知對方來電的號碼，如果可以查出，再去比對受難者手機號碼就能知道真相了。

只知道是凌晨五點二十一分打來的。遠傳公司說要查通聯紀錄，必須由警方提出證明，我只好報警。

警察其實也很無奈，他說人民有通訊隱私權的自由，要查通聯紀錄必須有所依據，我不是受害者，也不是受害者家屬，想要調出通聯紀錄，比較困難。

警方做完筆錄就離開了，我也無可奈何，無能為力。

如果是惡作劇，我無所謂，請大家譴責他。

但就怕是真的……

我用電腦麥克風錄下語音內容，希望有認得這聲音的，能告知一下。

我手機 09********

Peter 在此向華航空難罹難者致敬

——二〇〇二年，香港靈異論壇上一位網友的 PO 文

二〇〇二年五月三十日早上，習慣晚上睡覺時將手機關機的張先生打開手機，發現一封陌生簡訊。他原本以爲是當時流行的詐騙簡訊，但並不是。這封簡訊告訴張先生，他有一通凌晨五點二十一分的未接來電。

張先生困惑，這支手機的號碼極少人知道，怎麼會有人打電話給他呢？他依指示撥打號碼後，便聽取到一段長達一分多鐘的語音留言，海浪聲中夾雜一個男人斷斷續續的哭聲，以及用臺語反覆說的：「我不要死在這裡。」

他一開始聽了覺得很毛，而後又想，是誰在半夜無聊惡作劇打電話給他？

這本該是這個故事的全部，如果二〇〇二年五月並不是一個特別的時間點。

不明電話 ＋ 澎湖空難 ＝ 都市傳說

就在張先生收到簡訊的五天前，也就是二〇〇二年五月二十五日，這一天，臺灣發生了國內最嚴重的空難。華航 CI-611 班機在從桃園機場飛往香港的路上，因爲金屬疲勞，而在澎湖外海上空解體，機上兩百二十五人全數罹難。這起事件又被稱之為「澎湖空難」。

澎湖空難的規模，超越四年前同樣震驚臺灣社會、造成兩百零二人罹難的大園空難，**是發生在臺灣境內的空難事件中，死傷最為慘重的**。它在當時引起的震驚與關注熱度可想而知。事件發生的隔天（五月二十六日）起，報紙版面連續數日充滿對於空難事件的討論，電視新聞也不斷播報最新消息。由於飛機在海域上空失事，機身殘骸和遺體全落入海中，這使得打撈的工作困難重重。媒體不斷報導打撈的最新進度，然而直到頭七，仍有半數的遺體尚未尋獲。

張先生在收聽完語音留言後，習慣性地打開電視。我們不難想像這時他會看到什麼。

他收到語音留言的這日（五月三十日），在日後的網路傳言裡，會被說成「頭七前一日」。事實上，就在五月三十號晚上，以及隔日的五月三十一早上，都分別舉辦了頭七的法會。一度因為時間而逐漸冷卻的新聞熱度，應會因為「頭七」而再沸騰一次。

張先生望著電視上的空難新聞，突然想到，這會不會是生存者所傳來的訊息呢？海浪聲以及絕望的「我不要死在這裡」的哭聲，加上當時瀰漫全臺的災難氛圍，這或許是最能解釋那通「神祕留言」的說法了。

靠著「轉寄郵件」流傳的錄音檔

他把語音留言錄下來，傳送錄音檔給他的兩個朋友，其中一位聽完後因爲太害怕而馬上刪除，另外一位朋友則出於好玩，將錄音檔寄給另外八個朋友。不到半個月，這通語音留言已傳遍網路。至今，Youtube 上那段「華航空難靈異錄音」[1]，已達五十五萬次觀看。這還是從二〇一〇年算起，到二〇一九年爲止的紀錄，這個數字還會隨著時間持續增加。網路文章談到「華航空難錄音」者多不勝數，再算上轉寄郵件、論壇、電視靈異節目等管道，知道這則都市傳說的人不知有多少。如今，「空難靈異錄音」可說已成爲記憶二〇〇二年華航空難的代表性傳聞。

1 影片網址 https://www.youtube.com/watch?v=hqXJjjKFod8

　　而最初的擴散，是憑藉二〇〇〇年初流行的「網路轉寄郵件」。如果你也同樣經歷過二〇〇〇年代，應該也曾在新辦的網路信箱中，收到不少驚奇、詭譎、靈異、色情的網路轉寄信件吧？這段「靈異錄音」當初就是透過轉寄郵件的形式流傳的。可惜隨著網路的快速發展，二〇〇二年的網路紀錄多數不存，如今只能在僅存的網路化石中，打撈二〇〇二年那封轉寄郵件的殘骸。

二〇〇二年八月，香港的一個鬼怪論壇中，有一位留言者轉貼了他收到來自臺灣的一封 e-mail 內容（詳見本文開頭）[1]。

這一段文字與張先生的經驗相符。除了開頭的日期有錯以外（email 誤把張先生收到簡訊的日期寫成四月三十日，但其實是五月三十日），其他細節都符合張先生的狀況：凌晨收到簡訊、一開始以爲是朋友惡作劇……最後附上的電話號碼，也確實是張先生的。

就算存在合理解釋，人們還是寧願相信靈異

後來正是因爲手機號碼在網路上傳開，張先生陸續收到了各方來電，解釋神祕留言形

1 網站網址 http://www.dinball.com/discus/messages/1836/1848.html?1031332351

成的原因。其中張先生最相信的解釋，是「喝醉酒的丈夫在和老婆吵架之後跑到海邊，欲自殺卻撥錯號碼」。除此之外還有其他解釋，這些解釋並不全然關於澎湖空難。然而即便如此，「空難靈異錄音」已經定調，其他說法都無法撼動它。即便這個解釋框架實際上問題重重：

首先，語音留言中並無任何一字提到空難，只是因爲發話時間在「頭七前一天」這個午聽可疑的時間點，這段留言就被視爲和澎湖空難有關。若是依照此思維，那麼任一通撥於五月二十五日至五月三十一日的電話，只要它令人聯想到死亡，就都有成爲都市傳說素材的潛力。

其次，華航 CI-611 班機在三萬五千呎的高空解體，在如此高空，人體會在被拋出機艙的瞬間昏死過去，應不可能如語音留言所指示的情境一般，在海中浮沉，對著電話另一端哭泣。更不用說，電話撥出的時間並非當日，而是五天後——無論是多麼幸運的存活者，那時也早該失去生命跡象。

但即便存在破綻，傳聞也不會因此被攻破。

我們盡可不斷提出質疑、不斷「破除迷信」，但這些努力終將徒勞無功。無論存在多少破綻，傳說都會頑強地繼續流傳下去。那是因爲對聆聽傳聞的我們而言，我們「需要」源於災難的傳聞。我們如此需要靈異傳聞，以致我們可以犧牲對合理性的堅持來成全它。傳聞擁有可以凌駕於合理性之上的某種「意義」，這一意義，源於記憶，源於情感。你只要問問自己就知道了。

華航空難的海上打撈作業。圖片來源：飛航安全調查委員會（https://www.asc.gov.tw/main_ch/docaccident.aspx?uid=223&pid=201&acd_no=20）

傳說比眞相更有威力

二〇〇二年發生的華航 CI-611 班機空難，實際上成因完全是人爲疏失。這架機齡二十二年的波音 747，因爲出廠六個月後一次降落時機尾擦地，導致機尾摩擦受損。機尾擦地是很常發生的飛機意外，部分飛機甚至在該處設有保險桿。這問題並不嚴重，只要接下來進行妥善的維修——可惜這件事並沒有發生。根據維修紀錄，維修人員說他們依據波音維修指引手冊進行維修，然而實際上覆蓋機身傷口的蒙皮並不合格。多年來，後繼的維修人員並未發現這一點。在 CI-611 服役的二十二年內，被不當維修的機身傷口不斷擴大，最終導致嚴重的意外。CI-611 曾經預定於二〇〇二年十一月進行徹底的檢查，可惜這輛苦撐二十二年的飛機並未等到那一刻，即於五月失事。

這是華航空難成因的官方版本，是另一種記憶空難的方式。事實簡單而殘酷，充滿了人類社會隨處可見的疏忽大意。作爲災難成因，這多麼難堪。

平凡無奇的人爲疏失，和穿越時空而來、令人不忍聽聞的絕望之音，哪一個更配得上震撼人心的死亡空難？哪一個更有資格成爲它的敘述方式？你更願意記得哪一個？

你心裡的答案應該很清楚吧。

都市傳說由此展開。

華航空難的靈異傳說——打電話

其實，在華航空難發生之後，誕生了許多靈異傳聞，張先生的故事只是眾多事件的其中一起。但細察其他傳聞，會發現這些靈異故事和「空難靈異錄音」存在著相似之處。

華航空難發生以後，新聞報導了一些難以解釋的神祕事件：

1. 魏先生夫婦在空難中身亡，但魏先生的朋友謝先生卻在一個多月後，發現手機中有兩通未接來電的紀錄，一通未顯示號碼，另外一通則來自魏先生。但據電信公司說，那個號碼在空難之後，就無任何發訊紀錄。

2. 廖先生罹難之後，他的家屬親友共計十多名，開始陸續接到來自 23581414 這個號碼的電話。電話接起來只聽得見傳真機的嗶嗶聲。家屬們傾向將訊息解釋爲：

「勿想我吧，已死已死。」

3. 蕭小姐的母親帶著外公外婆等一家七人一同出遊，搭上華航 CI-611 班機。蕭小姐在飛機出事時，打算打電話給朋友，但無論打給誰，卻總顯示外婆的手機號碼。事後蕭小姐回想起來，認爲那是親密的外婆發出的求救訊號。

你發現相似之處了嗎？

為什麼這些傳聞，都是關於電話、手機，關於這些現代通訊設備呢？

這幾起傳聞當然並非華航空難靈異傳說的全部。但你不得不承認，「電話」、「手機」確實滲入了後續的空難傳聞之中，成爲故事中反覆出現的共通要素。

爲什麼呢？

「手機」才是傳說的主角

張先生是透過手機接收到空難靈異留言。事實上，手機並不只是靈異傳說的媒介，它就是靈異故事的一部分，甚至可以說是傳說的主角，**「空難靈異錄音」其實是關於手機的恐怖傳說**。

在這一切的起點，二〇〇二年五月三十日的那個早上，張先生因爲「習慣晚上關機」，而在起床打開手機後，接收到那封語音留言簡訊。那時他第一個閃現的想法是：「這是詐騙簡訊嗎？」當時手機剛開始全面普及，那是詐騙簡訊盛行的年代。

這段經過，是張先生在二〇〇九年上電視節目《第六度空間》時說的。簡短的描述包含著關鍵細節：**他「晚上關機」，並且懷疑可能收到「詐騙簡訊」**。這透露了什麼訊息？

如今對我們而言，我們已經和手機非常熟悉，熟悉到了睡前滑手機、睡醒先拿手機的程度。甚至要是手機離身，我們便會焦躁不安。但二〇〇二年前，跟現在不一樣。

在二〇〇二年的前幾年，正好是臺灣行動電話普及最爲快速的時期。一九九九年，臺灣行動電話的普及率還只有 52.2%，到了二〇〇二年，已成長到 106.15%。換言之，全臺灣有半數的人，在這三年內擁有了人生中第一支手機。以往要打電話，只能使用家用電話或公共電話，在人們有了手機以後，隨時隨地可以通電話。來自外部的聲音，可以如影隨形。**手機改變了人們的生活，無論一個人身在何處，撥出幾個號碼，便可以抵達彼端。**人們的「感覺」，因此產生了很大的改變。

睡覺關機，代表把手機當作「如影隨形的異物」

每當新科技進入人類的生活，人類的反應多是一樣的：對於這個陌生的外來者表現出抗拒。日本學者吉見俊哉在其研究中指出，一九七〇年代初期電話剛進入家庭時，都被放在玄關門口，顯示其「外來者」的身分。隨著人們對電話逐漸熟悉，電話才能登堂入室，從玄關進入客廳，最終抵達私密的臥房[1]。

手機的擴張，應該也經歷了相似的歷程。張先生在睡覺前把手機關機，是因爲對於人來說，睡眠總是最爲私密脆弱的時刻。將手機關機，就和「把電話設置在玄關」的感覺很像，都是爲了保護個人私密的時間或空間。

不過時代在演變，人們的習慣已經從昔日的「睡覺關機」，到今日的「睡覺不關機」，顯示出手機已經不是需要提防的對象。但是要解讀「空難靈異錄音」，必須回歸當時社會對於手機的感知。**在那時，手機還是生活中的異物，需要讓它們在自己無防禦力之時強制休息。**

詐騙簡訊——陌生、可疑、迷人的訊息

流行於當時的「詐騙簡訊」，也影響了人們對於手機的某種感知。「詐騙簡訊」給了我們很好的理解傳說的引子。

張先生上《第六度空間》節目的那一次，節目安排十分巧妙，選用了「詐騙簡訊」作爲開頭。主持人陳爲民、許聖梅合力演出一個收到詐騙簡訊，卻信以爲眞的情境。陳爲

1 吉見俊哉《媒介文化論：給媒介學習者的15講》，二〇〇九年，群學出版社。

民以爲自己中了豪宅一棟，被許聖梅提示那來自詐騙集團；陳爲民又說自己中了現金一百萬，當然，那還是詐騙集團；最後，他說自己中了靈骨塔一座，還打去聽了語音留言——這回，不是來自詐騙集團了，這通留言被許聖梅說，很可能來自異空間。

這段演出點到了張先生收到簡訊的一開始，他心中浮現的念頭。詐騙簡訊的存在，意味著我們會收到來自陌生源頭的雜訊。對方是誰，我們根本不認識。這些簡訊的內容感覺眞假莫辨，我們信也不是，不信也不是。不信，是因爲「太可疑」；想相信，則是因爲該訊息具有「誘惑力」——這些特質，不也是靈異傳說所具有的嗎？詐騙簡訊跟靈異傳說一樣，陌生、可疑、迷人，同時暗藏著不知名的危險。這些危險原本離我們很遠，但是透過簡訊、透過手機，那些原本被我們隔絕在外的危險，直達我們眼前、耳際，循著感官入侵我們的生活。

我們要是相信了，按下幾個鍵，就會進入那個陷阱之中。這時，貼著耳朵的手機那端，就會傳來不屬於我們生活的、陌生而詭異的聲音。

有了手機之後，人們身邊眞假莫辨的資訊太多。這一些資訊總是來源不明，**我們又怎能夠繼續相信抵達耳際的全是人間事，而沒有誤入人間的神祕之音？**

其他空難靈異故事——大園空難預知錄

關於「電話能抵達另一個空間」的恐怖故事，早在「空難靈異錄音」之前就已出現——傳說在半夜十二點時撥打十二個零，或九個七，就能夠通往地獄。

「空難靈異錄音」的特殊之處，並不在於它再一次展現了「人們對於電話另一端的恐懼」，而在於它將這個悠久的母題與空難事件相連。

日本的恐怖故事或都市傳說，也很常以手機為主題。相較之下，臺灣的都市傳說，總是更多地關於大眾的災難記憶。而就如同一開始所揭示的，關於空難的靈異記憶時常與手機有關。

爲什麼會有這種現象呢？

我們可以選用另一則靈異故事作爲參照，那是發表在PTT Marvel板上，一篇名爲〈大園空難預知錄〉的文章。這篇文章發表於二〇一一年，敘述者回頭講述他在一九九八年大園空難發生時遇到的靈異經歷。

當時原PO還是大學生。他跑到朋友家玩，兩人窮極無聊，在半夜三點打開了收音機。他們打開收音機後，先聽到一些雜音，之後，聽到了新聞播報的聲音：「據現場目擊者指出，機上所有人員應全部罹難……」

那是關於飛機失事的新聞。這場空難的災情非常慘重，有兩百多人罹難。他們馬上打開電視，卻沒有看到空難的新聞消息。兩個人滿懷困惑，白天盯著電視看了一天，卻始終沒有看到空難新聞。直到隔天晚上，原PO在家裡吃晚飯，這時，電視新聞閃過快報：華航編號676號班機墜毀。

原PO看到，馬上哭了出來，他沒想到自己居然提前一天預知了空難。他回頭檢查了那台收音機，發現裡面少了部分零件，按理來說，他們不應該收到任何頻道的電波，但是他們卻收到了……

這件事在原PO心裡放了很久，在十幾年後，他才有勇氣講出來。

靈異之音透過通訊設備來到人間

「大園空難預知錄」和「空難靈異錄音」一樣，兩者的靈異之音，都是透過通訊設備來到人間。廣播被稱之為「空中之音」，而空難則是「發生於空中的災難」，兩者在概念上，都一樣存在於空中。而透過無線電波傳遞的手機訊號，在人們的感覺中，也同樣地屬於「空中」。

同樣感覺屬於空中的廣播和手機，會怎麼影響我們對於空難事件的理解呢？

空難一旦發生，很少有遇難者能夠生還。而失事於高空將會是一種什麼樣的體驗呢？這恐怕沒有人能夠回答，經歷過的人多已經離世。

這一經驗成了人類無法以語言、圖像，或是其他想像方式接近的神祕體驗。但當空難發生之時，它的死傷又是如此慘重，悲劇既巨大又令人驚駭，使我們不得不開始講述關於空難的傳說異聞。而這時，我們借用了通訊設備的神祕性。

能夠接收電波的通訊設備，能夠接收到這起發生在遙遠高空的死亡嗎？

能夠接收陌生訊息的手機，會收到來自災難現場的留言嗎？

我們不會知道這些靈異事件會不會「發生」，但我們依然可以「想像」。**因為聲音來自空中，所以它可能乘載發生於空中的悲劇**。這種理解，以我們的感覺來說，非常合理。

而藉由這樣的想像，我們能夠記憶，記憶起那些我們看到新聞時曾經有過的情感。即便記憶已經失眞，**但或許正是透過這種失真的記憶形式——都市傳說——可以保留我們對於災難的震驚與哀傷**。

※謹以此文，紀念二〇〇二年華航空難罹難者。

載滿一百條人命才離開的幽靈船？

衛爾康大火與靈異傳聞

流言可畏　臺中人寧願相信……

聽說那裡將有災難就不上那裡消費，業者大喊吃不消

今年二月臺中市發生衛爾康西餐廳大火後，公共安全再度受到重視，一些違規或是安全設施不合格的營業場所受到相當衝擊，第一廣場便首當其衝。一連串的安檢查緝已讓一些大樓內業者撐不下去，偏偏再傳出「幽靈船」的傳聞，說衛爾康的六十四名罹難者共乘在幽靈船上，要等載滿一船人後才會離開。

這個傳聞在學校內流傳最廣，很多家長是從子女口中聽到這個傳聞，繪聲繪影地直指臺中市第一廣場是下個目標，造成一段時間原本是學生消費聚集大本營的第一廣場，因學生害怕，再加上家長再三叮嚀，第一廣場生意立即陷於一片蕭條，很多店因生意太差連租金都無法支付而歇業或乾脆結束另起爐灶。

——節錄自：一九九五年十月八日《聯合晚報》

二〇一六年，Dcard上有一位網友分享經驗，大約在三、四年前，她到臺中第一廣場（現為東協廣場）頂樓的KTV去唱歌。搭電梯往上的過程中，電梯門突然在某一樓打開，電梯外一片黑暗，可以感覺到熱氣以及火警鈴聲，讓她感覺像是進到另一個時空。電梯停了十秒之後，才又關門往上。但是她已經嚇得不敢再去第一廣場。

這篇文章下面，居然有不少人，都有「搭上第一廣場電梯，卻彷彿進入異空間」的經驗。似乎電梯帶他們來到的，是曾經發生致命火災的現場。儘管第一廣場從來就沒有發生過嚴重火災，傳聞還是甚囂塵上。而這恐怕是因為另一起火災的緣故——一九九五年「衛爾康西餐廳」大火造成六十四人死亡，在那之後，出現了「幽靈船」的傳聞：幽靈船載走了衛爾康大火的罹難者，這艘可怕的「幽靈船」，要載滿百人才會離開。而幽靈船的下一個停靠站，就是臺中的「第一廣場」。

然而第一廣場並未符合預言地發生火災。儘管如此，它依然難以擺脫火災與「幽靈船」的印象。所以在「第一廣場電梯」都市傳說中，第一廣場才會化成火場。

但是，這時距離一九九五年的衛爾康大火，已經有二十年了。為什麼直到二十年之後，二十年前的火災陰影，仍然彷彿近在眼前？

衛爾康大火——舉世震驚的悲劇火災

一九九五年二月十五日晚上七點左右，臺中市中港路上的「衛爾康西餐廳」發生大火，造成六十四人死亡、十一人受傷。這大火不只震驚臺灣社會，其規模在國際間都是罕見的。根據當時報導，衛爾康大火創下了「世界單一餐廳大火最高死傷紀錄」。至今，仍是臺灣傷亡最重的單一建築火災。

衛爾康大火發生的時間是情人節隔天，晚餐時段裡餐廳充滿了人。這是一間頗富盛名、二十四小時營業的餐廳。根據一九九八年電視節目《神出鬼沒》訪談的檢察官所說，火災原因跟長時間營業有關。由於吧檯的瓦斯爐改裝了橡皮管線，管線不耐長時間火燒而脆化、破裂導致瓦斯外洩。不巧吧檯附近都是易燃物，樓梯地毯也易燃，火勢一點燃，便一發不可收拾。

據當時的目擊者說，在短短十秒鐘之內，衛爾康餐廳已經化作一片火海。消防隊員就算火速趕到，也無力回天。

《神出鬼沒》也訪問了當時救火的義消。義消描述火場的高溫，是連停在快車道上的消防車都會因此烤漆剝落、後照鏡塑膠融化。

消防員穿越了一樓抵達二樓，在窗邊發現了屍體。當時的義消說，隊長請他們「算人數有多少」，二樓的隊員回說「根本沒有辦法算」。隊長不相信，他們只好說：「眞的沒有辦法算，有一堆人。」在另一段報導中，當日的消防馮值星官說，聽到「一堆人」的那一瞬間，他至今依然印象深刻。

楊分隊長在二樓窗邊發現了層層疊疊的屍體，一顆顆頭顱交疊。他腦袋一片空白，從來沒有在火場看過這麼淒慘的情景。

對於二樓的人來說，唯一的逃生出口是通往一樓的樓梯，但是那裡正是起火地點。不只一段報導提到，當時目擊者看到受困火場的人企圖打破二樓的玻璃逃生。《神出鬼沒》訪問的臺中市民說，她父親當時就在對面的醫院，父親只能眼睜睜看著火場裡的人拿桌子、椅子敲擊強化玻璃，卻都徒勞無功。人們用手抓著玻璃不斷掙扎，身體逐漸失去力氣倒了下來，在短短一分鐘內就不幸罹難。

有少部分的人打破玻璃逃生。但是絕大多數人，都成了二樓的焦屍。中天的《臺灣大搜索》描述的場景令人感傷：明明醫院就在衛爾康西餐廳的對街，救護車卻都過門不入，直接前往殯儀館。停屍間擺滿了一張張白布，沒有人知道編號會編到幾號，因爲還有一堆罹難者尚未送達。

其實原本這些罹難者還有些許生還機會的。根據東森《臺灣啓示錄》剪輯的馮值星官訪談，他說那天有幾個熟門熟路的員工，從二樓逃往三樓的屋頂停車場，一些機靈的顧客也跟上去，因此倖免於難。但是這條生還通道，員工卻沒有主動引導疏散，否則，應該可以減少傷亡。

餐廳管理方不只有疏忽引導之責，甚至對消防隊員謊報災情。中天的《臺灣大搜索》報導，消防員趕到現場，很憂心火場裡有多少人。但是餐廳經理卻說，他們已經成功疏散顧客，只有九名員工被困在裡面。楊分隊長進入火場後，在一樓看到了幾具屍體。他想起經理說「樓上還有三人」，因此前往二樓。但他在二樓看到的，不是經理所說的幾名員工，而是「一堆罹難者」。

衛爾康大火暴露了公共安全的危機，包括法規與觀念的不足。在此之後，臺灣自原本的警消不分家，獨立出了內政部消防署。許多消防安全法規也在那時候通過，並且加強了消防安檢與消防宣導。這場悲哀的火災，強迫人們正視脆弱的公共安全體系。

按理來說，衛爾康大火應該要是大型火災的終點。但卻不是。它成了另一種起點：傳說衛爾康大火的罹難者被一艘「幽靈船」載走，這艘幽靈船還要載走三十六個人，湊滿百人才離開。

這種無稽之談應該很快就會被遺忘才對。然而不幸的是，傳說居然得到了事實印證。

「幽靈船」如何湊滿百人？
慘烈大火頻傳的一九九〇年代

「幽靈船」之說出現後，有人說幽靈船往南，有人說幽靈船往北，有人說幽靈船停留在臺中……無論是往哪個方向，結果是「北、中、南」三地在接下來的一兩年內，都發生了傷亡慘重的火災。

一九九五年四月十七日，臺北西門町快樂頌ＫＴＶ大火，死亡人數十三人。

一九九五年四月，屏東獅子林ＫＴＶ大火，死亡人數二十七人。

一九九六年二月十七日，臺中夏威夷三溫暖大火，死亡人數十七人。

一九九六年二月二十七日，臺中民聲大樓大火，死亡人數十三人。

上述火災都發生在一九九五年二月到一九九六年二月這一年之間。後來，「幽靈船」之說最主流的說法，是停留在臺中上空的幽靈船載走了夏威夷三溫暖的十七人，和民聲大樓的十三人，加上零星的火災死者，滿載離開。

這慘況在今日是難以想像的。死亡人數十人以上的大火，近幾年已很少見，大約是一兩年會有一起。但在一九九五至一九九六年間，卻至少發生了五起。有時候電視上還在進行前一場大火的後續報導，下一場大火又緊接著發生。**可以想見當時，人們對於如此頻繁的「公共場所大火」會有多深刻的恐懼**。正是這種恐懼，使「幽靈船」之說流傳開來。

「幽靈船」的預言——近期必將發生死傷慘重的火災

「幽靈船載滿一百人才會離開」的傳說，是對下一場大火的預告。**這預告包含人數性的預告：「近期內將會死亡三十六人」，也包含災難類型的預告：「造成三十六人死亡**

的將是火災，而非其他類型的災難」。這個預告要成眞，其實門檻極高。二〇〇〇年後，令人聯想到「幽靈船」的大型火災，死亡人數都未有一九九〇年代那般慘烈：二〇〇五年臺中金沙百貨大火，死亡人數四人。二〇一一年臺北傑克丹尼火災，死亡人數九人。若是「幽靈船」被放到今日，更是不知道要幾年才走得了。

但是在一九九〇年代，預告死亡三十六人的傳說居然被接受、居然還成了眞，想來是悲哀到不可思議的事情。

「幽靈船」都市傳說獨特的地方，是「以人數作爲測量火災規模的單位」。**這表示「人數」本身就令人印象深刻**。近幾年發生的幾起大型災難，我們儘管知道事件本身，卻不一定記得傷亡多少。**但是「幽靈船」傳說卻牢牢嵌進了衛爾康大火與其後兩場大火的死亡人數**。這都指向了一件事：「六十四人」這個悲劇性的死亡規模，實在是太令人難忘了。即便在傳說層面，這個可怕的數字都位居核心。

不過爲什麼會是一百人呢？我不禁悲傷地想到，這可能是因爲人們潛意識地記得另一場火災。那場火災和衛爾康大火極其相似，若細細檢視兩者，會發現衛爾康大火彷彿是它的翻版，而兩起火災在兩年之內相繼發生，只證明了人們並沒有記取教訓。

一九九三年一月十九日，臺北的「論情西餐廳」發生大火，造成三十三人死亡，二十一人受傷。

三十三人加上六十四人，正好將近一百人。

在論情西餐廳大火發生時，新聞報導它是「近年來死亡人數最多的火災」，然而在兩年後，衛爾康大火就破了這個紀錄。除此之外，和衛爾康大火一樣，論情西餐廳的唯一逃生樓梯恰巧是起火地點、二樓同樣有阻礙逃生的強化玻璃。兩間餐廳也都一樣，曾被檢查出消防安全不合格，但都沒有改善。

兩者傷亡慘重的原因，都是因爲二樓罹難者難以逃生。論情西餐廳按理來說應該要有四座逃生梯，但是樓梯幾乎全被餐廳封起來，僅存的一座，則是縱火地點。

細細檢視這些火災發生過程，會發現許多令人匪夷所思之處：爲什麼會只有一個樓梯呢？爲什麼瓦斯爐會放在重要的樓梯下面呢？爲什麼餐廳違反消防法規可以不用改善呢？**這些細節，都說明了餐廳業者有多麼漫不經心、政府又有多麼輕縱**。否則按理來說，就算發生火災，死傷也不應如此慘重。

「幽靈船」都市傳說的警示——公共場所很危險

任何一個經歷過一九九五至一九九六年的人，大概都很容易對於「封閉的公共場所」產生恐懼，這就是爲什麼「幽靈船」傳說會令人害怕：**可怕的不是傳說本身，而是那些彷彿隨時可能發生火災的場所**。

「幽靈船」是虛構的傳說，但是它的恐懼卻是真實的。

在餐廳往往缺乏消防安全觀念的情況下，公共場所確實是危險的。有許多地方都傳聞「幽靈船」停在那，包括臺北萬年大樓、臺中第一廣場、臺南中國城、高雄漢神百貨、東帝士大樓……「幽靈船停留在這裡」的傳聞，只說明了一件事，就是「人們認爲這地方很危險」。

那些地方或許存在某些危險的警訊，例如，它們同樣樓層很高，會讓人們擔心火災時是否能順利逃生；例如它們都有某種強烈的封閉感，讓人感覺被團團包圍……這些直覺有可能是對的。衛爾康大火後深受謠言影響的第一廣場，確實有不少商家因爲未通過消防檢查而歇業，這表示第一廣場可能隱含危機。**只是有時這種「那裡很危險」的直覺，很難以理性的語言傳播，反而是乍聽聳動的「幽靈船」傳說，更貼近人們深層的恐懼。**

躺著也中槍——一公里以外的「第一廣場」

衛爾康西餐廳的所在地，後來改建成五金行，又改建成停車場。有傳言說，車子只要停在停車場內，溫度便會自動升高。這種「災難發生地後來會產生靈異」的思路其實相當常見，**然而誕生於衛爾康大火後的「幽靈船」，並沒有在此地徘徊，反而徘徊在一點六公里外的「第一廣場」**。

一九九〇年第一廣場落成以後，曾經是臺中最繁華的商業大樓之一。然而一九九五年二月後，第一廣場因爲「幽靈船」傳說影響而沒落，有店家一日業績從三萬掉到五千。到了七月，第一廣場又出現了「愛滋病患抽血行刺路人」的傳聞。「愛滋針頭」的傳說，在

過去的第一廣場，如今改名為東協廣場。

本書稍後的〈小心！愛滋針頭就在你身邊〉一文中將會討論到，它是關於「某個空間很可怕」的傳說：哪裡有愛滋針頭，就代表人們認爲那裡很可怕。「幽靈船」傳說也是如此。**因此這兩個傳說出現在第一廣場，所傳達的訊息是一樣的，那就是「第一廣場令人恐懼」**。一九九五年對第一廣場來說是戲劇性的一年，在此之前，它曾經非常繁榮，但從這一年起，人們開始恐懼起第一廣場，它的盛況從此一去不復返。

然而由於臺中市中心轉移、第一廣場沒落之後另尋出路等原因，反而使第一廣場變成了另一種樣貌，而這時，「幽靈船」傳說所代表的恐懼感又有了新的意義。

幽靈船警示的改變——當第一廣場變成「外勞新天地」

在臺灣人不去第一廣場後，第一廣場成爲移工休閒娛樂的場所。一九九九年的報紙談到某家廠商如何對待移工時，就說「他們容許外勞擁有一萬元的零用金，每週日帶著菲勞到臺中第一廣場、臺中公園聚會」，也就是說，在這個時候，第一廣場已經漸漸轉型成移工假日去處了。到了二〇〇二年，新聞更直接地把第一廣場稱作「外勞新天地」。

臺灣人有歧視移工的傾向，因此移工聚集的第一廣場明明經濟活絡，卻被臺灣人當作沒落之地。招牌上的異國文字、移工顧客口中的異國語言，明明是國際化的好訊號，卻讓某些臺灣人感到渾身不舒服。「外勞很多，看起來很恐怖」、「被外勞佔領，除了唱歌不去了」……新的情感塡充了人們對於第一廣場的抗拒。然而第一廣場頂樓有一間平價KTV，吸引年輕人們前往第一廣場。這些年輕人只是從父母長輩處聽聞「幽靈船」的傳聞，本身對第一廣場也不熟悉，**但是當他們踏進第一廣場，意識到這座老舊大樓的陌生、異質，就容易產生靈異。**

二〇一五、二〇一六年，陸續有人說，第一廣場的電梯會穿梭到異空間。

這些靈異體驗被PO在Dcard上，PO文者描述自己搭電梯前往頂樓KTV的體驗：電梯到四樓或某樓層會自動打開。電梯門外漆黑一片，傳來陣陣燒焦味，彷若火災現場。

事實上，根據該KTV二〇一六年十月在臉書的澄清，電梯突然停下並非「靈異現象」，純粹只是因爲該樓層正在進行裝潢，工人出入頻繁。工人時常按了電梯之後，搭另一座電梯下樓，因此，才會造成電梯停在該樓層，卻沒有看到人的現象。而靈異經驗文中「一片焦黑、有難聞味道」的描述，純粹只是因爲拆除電影院裝修所導致的現象。換言之，大家只是把施工現場誤認成了火災現場。

但是第一廣場的這個施工現場，爲什麼令人感到恐懼呢？

這些電梯驚魂記之所以被當成恐怖經驗，多半和當事人對第一廣場的不安情緒有關：當他們進入第一廣場時，先看到令他們恐懼的一群移工，又看到老舊到彷彿「隨時會失事」的電梯。**因此「搭乘一廣電梯會前往異空間」的靈異傳聞，本身表達的就是對於第一廣場這個空間的恐懼**。而這個「異空間」的感覺，某種程度也沒有錯：對於這些出生於一九九

○後半的年輕人來說，興建於一九九○年的第一廣場，它的空間感與年代感，都是令他們感到陌生的。陌生會產生恐懼，因此就有了「搭乘一廣電梯會前往異空間」的靈異體驗。而這個體驗也是符合大家的想像的，因此能成爲眾人熱議的鬼故事。

但是，爲什麼這個靈異故事，是「穿越到火災現場」呢？

如果說，對第一廣場的恐懼感足以催生靈異，那麼這種靈異故事，也還存在許多可能性。比如說，可能是「感覺到電梯正在不斷往下墜落」，或是「門打開時，感覺自己來到了地獄」，又或是「電梯裡的垃圾突然自己動起來」、「電梯門外閃過鬼影」、「電梯的鏡子裡出現了不存在的人影」……有太多已存在的電梯靈異橋段可以供聯想，不一定要是「穿越到火災現場」。事實上，並非所有人都把搭電梯的靈異體驗跟火災聯想在一起，但是PO文下面幾乎都會有回文提醒：第一廣場曾經發生過一場死傷慘重的大火。

就算經過了二十年，臺中人始終沒有忘記衛爾康大火。

雖然衛爾康大火並未發生在第一廣場，這份記憶本身是失眞的。但即便失眞，記憶依然頑強。而藉由都市傳說，這份災難記憶甚至保留了它當初給人的恐怖感，持續在當代創造出新的鬼故事。

失蹤幼童被截肢？
臺灣與其他國家的「不倒翁」都市傳說

你好，我是個職業婦女，今年卅五歲，我住臺北縣，今天我所要講的是社會上比較不為人所知的一種現象。我聽到同事提起過，有一些家庭的小孩無緣無故失蹤，父母怎麼也找不到，原來這些孩子被人強行或誘拐帶走，然後毀容或是剁手剁腳，讓父母根本無法辨認出是他們自己的小孩，然後再將這些小孩子放到地下道（對不起，我有些激動），或是廟口等地方去乞討。

各位聽到這些事情可能和我當初聽到的時候一樣，認為根本不太可能發生。但是就在今天，我的一位朋友來告訴我，他朋友的一個小孩，兩個月前失蹤了，做父母的非常焦急，到處去找都找不到，就在他們去行天宮求神的時候，當他走出行天宮大門，就看到一個小孩子在旁邊乞討，這也就是他們尋找了兩個多月的兒子（啜泣），這個小孩子才四歲大，但是他的雙手被剁了，舌頭也被剪斷了，根本沒有辦法說話，但是這個小孩子還認得他媽媽。

在今天社會上，小孩子面臨很多威脅，很危險，最近已到如此殘忍的地步。在此特別呼籲社會大眾，要照顧好自己的小孩，對於四周受傷的幼兒要給他們幫助，因為他們可能是你我所認識的朋友的小孩，雖然害的不是你我的孩子，希望有關單位多多地組織起來，用盡方法迅速偵查此一喪心病狂的集團，予以最嚴厲的制裁。另外，對於受到迫害的那些幼童和家屬，我們應該給予愛心、耐心及以實際行動幫助他們（不斷啜泣）。

希望我這段話能播出來，讓所有的人都能聽到這個殘忍不幸的事件，它可能會發生在我們的身上。我們社會各階層所需要的不再是那些打鬧的立法委員，我們需要的是你們研擬一些實際的辦法出來，你們如果把我們的後代殘害了，我們還有將來嗎？中華民國的生命是靠我們每一個人的。所以我今天打這個電話，希望你們大家都能夠聽到這一個不幸的消息。再見。

——一九九〇年九月四日上午，中廣「聽眾熱線」中，一位女性聽眾的來電一九九〇年九月初，學校才剛開學。放學前校外擠滿了接送的家長，這似乎是學校的常態。但是這一天，馬路特別水泄不通、接送家長比往常更多。這些堅持接送自家小孩的家長們神情緊張，或許幾位熟悉的家長遇到彼此時，還會討論起前天聽到的傳聞內容。

「你也是嗎？我也是耶，好怕小孩會不見喔，畢竟才聽說那樣的事……」

他們說的是九月四日，中廣節目「聽眾熱線」中的一段內容。一位三十五歲的女性聽眾打電話到中廣，講了她聽來的故事：「……就在今天，我的一位朋友來告訴我，他們的朋友的一個小孩，兩個月前失蹤了，做父母的非常焦急，到處去找都找不到，就在他們去行天宮求神的時候，當他走出行天宮大門，就看到一個小孩子在旁邊乞討，這也就是他們尋找了兩個多月的兒子（啜泣），這個小孩子才四歲大，但是他的雙手被剁了，舌頭也被剪斷了，根本沒有辦法說話，但是這個小孩子還認得他媽媽。」

這位女性聽眾在電話中數度落淚，痛切地呼籲社會大眾「要照顧好自己的小孩」，要求有關單位偵查此類犯罪集團，並嚴厲制裁。

這則揭露「殘酷眞相」的留言一播出，迅速引起廣泛注意，報紙等媒體紛紛報導，社會局動員四、五十名義工上街尋找丐童，警察局動員十二組人員訪查，社福團體召開記者會，家長們緊張到親自接送自家小孩。各單位紛紛有所動作，可以想見廣播造成的輿論壓

臺北著名景點行天宮，莊嚴肅穆的大門外，卻是「丐童傳說」的起點。

力有多大。

但是過了幾天，沒有人在行天宮附近發現符合描述的丐童。

警方找到投書聽眾，發現這位聽眾馬小姐激動淚訴的這段故事，只是她聽來的。在她之前，傳聞已輾轉經過許多人，此傳聞不只是二手，馬小姐還是「第十八手」。

那時是一九九〇年，解嚴剛過不久。馬小姐雖然是「第十八手」，而非第一手，但因爲她將故事傳播出去，引起了巨大的「社會恐慌」，因此可能需要背負法律責任。

報紙討論，根據當時尚未廢除的《違警罰法》，馬小姐符合「妨害安寧秩序之違警」下的「散布謠言，足以影響公共之安寧者。」一條，警方可處七日以下拘留，或折合新臺幣一百五十元以下的罰鍰。當時的報導，也多在責怪馬小姐未經事實求證，就將謠言散布到公眾媒體。而號稱「具有公信力」的中廣也有失職之處，他們任由不實消息「散布於眾」，雖然「聽眾熱線」節目並不代表媒體立場，但他們仍未能盡到審核與查證的基本義務。當時距離解嚴不久，這類「散布不實消息於眾」的譴責，自然充滿了解嚴初期殘留的言論管制風氣。

我們不知道馬小姐與中廣有沒有受到懲處，但從這類判斷可以得知，「散布謠言」被視爲嚴重的事，即便是不知情者也一樣。**但是「中廣丐童事件」之所以掀起熱議，難道是投書聽眾以一人之力能做到的事情嗎？**如果是，那新聞如此之多，爲何偏偏是「中廣丐童事件」引起軒然大波？

這要從謠言的內因與外因說起。

中廣丐童事件爲什麼會傳開？都市傳說的三個條件

媒體將「引起社會恐慌」的責任歸咎於傳播者，其實有點「劃錯重點」。當時若非馬小姐打電話到中廣，也可能會有其他聽聞傳說的人投書到報紙或其他媒體，造成相似程度的恐慌。責怪傳播者是沒有用的，某些擁有特定要素的傳說，可以說是「此生註定擁有不平凡的命運」，讓它註定會被傳誦、畏懼。「丐童傳聞」就是其中之一。

而這一類傳聞，被稱爲「都市傳說」。根據都市傳說研究者布魯范德所著《消失的搭車客：美國都市傳說及其意義》一書，要是有傳說具備以下這三個條件，那麼它就可能被廣泛傳播：

1. 故事性強
2. 可信度高
3. 警示意義強烈

「丐童傳聞」恰恰符合以上三者。

第一，它有很強的故事性。故事最後定格在斷舌兒童認出母親的這一幕：「（小孩）根本沒有辦法說話，但是這個小孩子還認得他媽媽。」小孩望著母親卻無法相認，這畫面太過悲哀、太過具有衝擊性了，令人難忘。這是它作爲故事的優秀之處。

第二，丐童傳聞具備許多「感覺很眞實」的細節，這增加了它的可信度。首先，它是一個發生在「朋友的朋友」身上的故事，這個身分乍聽之下很眞實、很接近，實際上人們根本不知道「朋友的朋友」到底是誰，因此許多都市傳說都發生在「朋友的朋友」身上。除此之外，丐童傳聞還具備一些具體的細節，比如具體場景（行天宮）、具體的失蹤時間（兩個月）、小孩的具體歲數（四歲），這些都使它聽起來像是眞實發生的事，人們很難不被說服。

第三，丐童傳聞的警示意義非常明確，就是「不要讓你的小孩失蹤」。這正是焦慮的父母心中最在乎的事。而在丐童傳聞引起轟動的一九九〇年，這焦慮有其具體背景。

總而言之，丐童傳聞是典型的都市傳說。

「中廣丐童事件」，就是一則都市傳說的傳播事件。

只可惜當時並沒有「都市傳說」的概念，大家並未能理解謠言之所以擁有很強的傳播力，是和它本身的特質有關，因此媒體才會顧著追究傳播者的責任。**像丐童傳聞這類聳動且真實的謠言，足以引起人們的恐慌，促使他們轉身「警告」身邊的朋友**。謠言就在警告的過程中，持續傳播下去。

傳播謠言的人們並沒有「犯錯」，他們只是比較脆弱：因為心中存在某些縫隙、在意著某些事物，而容易相信此類都市傳說。「丐童傳聞」所切中的，是爲人父母掛心小孩的這種心情。「小孩被截肢」這種想像實在太聳人聽聞，以致於人們害怕到沒有絲毫餘裕思考其眞實性，只顧著透過「警告他人保護好自己的小孩」，拚命地排除可能的危險。

那爲什麼一九九〇年的臺灣社會，對於「小孩被害」如此之緊張呢？**因為就在這之前的兩、三年，臺灣出現了許多聳人聽聞的綁架事件。而受害者，幾乎都是孩童。**

丐童傳聞是假的，但綁架是眞的

一九八七、一九八八這兩年，臺灣特別不平靜。一九八七年，發生了轟動社會的「陸正案」：新竹東門國小四年級學生陸正在補習後失蹤，陸家雖然交付贖款，但陸正並沒有回來。根據偵破後的嫌犯供詞，陸正已被撕票，但屍體遲遲未尋獲。

隔年一九八八年，又發生了臺北市幸安國小張姓學童被綁架、臺北市東門國小蔡姓學童被撕票等事件。東門國小六年級的蔡秉昇，晚間八點上輔導課回家時被擄，歹徒勒索贖金兩百五十萬，但都還沒談妥，警方就在新店溪邊發現蔡秉昇的屍體。

但這些駭人聽聞的綁架案，只是當時眾多綁架案的其中幾起。

當時的報紙記載，「根據刑事警察局統計，從七十五年至今（民國七十七年），臺灣地區共發生擄人勒贖案四十六件，其中國小學生就佔了四十三件之多」。在此之前雖然不乏擄人勒贖案，但受害者有老有少，這幾年受害者卻集中於國小兒童。

這現象使得家長們十分焦慮，在《聯合報》一九八八年所做的電話調查當中，有「近八成的受訪家長擔心自己的小孩遭遇綁架」。許多家長們告誡兒女，千萬不要接近陌生人。警方成立專案小組偵查、專家們也在報紙上告訴家長，應該如何注意孩童安全——當時那種高度緊張的氛圍，或許只有十年後「白曉燕命案」發生時可與之相比。

由於一九八七、一九八八年的兒童綁架案頻傳，不難想像，爲何一九九〇年的「丐童傳聞」會引起巨大迴響——才過兩年，家長們心中的恐懼還未消失，而且「丐童傳聞」與

兒童綁票案又那麼相像。我們幾乎可以明確指出兩者間的共同主題：在「丐童傳聞」跟綁票案中，孩童都會失蹤、都存在利用幼童賺錢的犯罪集團（只是賺錢方式有所差異）、被擄走的幼童都會受到傷害（截肢斷舌或被撕票）。

「丐童傳聞」隱含的核心焦慮是「我們的小孩會被陌生人利用並殘害」，父母們視如掌上明珠的孩童，在犯罪者眼中只是賺錢工具，是「物」而非「人」。被視作「物」的孩童，會被犯罪者漫不在乎地殘忍傷害。這正是父母們最恐懼之事。

都市傳說雖非建立在眞實之上，但卻根植於社會心理的眞實。套句布魯范德所說的話，都市傳說構成人們世界觀的一部分，人們相信：「如果一件事是眞實的，那麼它就是重要的。」

西方「更衣室的暗門」與日本的「不倒翁」傳說

事實上，和「丐童傳聞」相似的失蹤綁架、截肢主題，在世界各地的都市傳說中不斷出現，並非臺灣獨有。一九七〇年代，美國有過「摩門教徒的小孩在礁湖公園被綁架了」

的傳聞，實際上並無此事，那只是一則都市傳說。另一系相關的都市傳說，則是「女性被綁架」的都市傳說，這類傳說至少包括流行於歐洲的「誘綁白種女子爲娼」和流行於日本的「不倒翁女」。

法國都市傳說學者所著的《都市傳奇》提到，十九世紀末和二十世紀初期，流行「誘綁白種女子」的故事：一對情侶共同出遊，女子進入（通常是阿拉伯人營業的）商店購物，男子隨後進入，卻被店員告知並沒有這樣的女子進來。男子仔細搜索這家商店，他在更衣室內發現了一個暗門，他的女友正要被送往中東某位權貴人士的後宮[1]。這一類傳說又被稱爲「更衣室的暗門」，它有許多變形，在某些版本中，男子會在畸形秀上發現他的女友，那時她已經被截斷四肢。

流行於日本「不倒翁女」傳說，時常和「更衣室的暗門」合在一起講述。「不倒翁女」

1 維若妮卡・坎皮農・文森、尚布魯諾・荷納著，楊子葆譯《都市傳奇：流傳全球各大城市的謠言、耳語、趣聞》，二〇〇三年，麥田出版。

日文是「達摩（だるま）女」，指的就是女子被截斷手腳後的姿態。故事的地點很常發生在中國內地，女子大學生在旅遊後行跡不明，後來朋友在驚奇小屋（日文作「見世物屋」）中發現了這名失蹤的女學生，她已經被砍斷雙手雙腳，變成獵奇的觀賞物。

這兩則傳說，都顯影了傳說當地所隱藏的民族主義情緒。在歐洲，是對於阿拉伯、猶太人的歧視，歐洲人擔心「非我族類的」外國人經營的正派商店，會私下進行一些不法勾當。在日本，則是將場景投射到中國，顯示「到中國旅遊」是一件多麼危險的事。「不倒翁女」以女性爲受害者，其流傳時間是一九八〇年代初期，那時日本的女子大學生數量激增、到海外旅遊的女學生人數也增加。根據研究指出，這種傳說是在警告那些「享受海外旅行的女子」[1]。

綁架小孩後截肢乞討「划算」嗎？隱藏在都市傳說中的歧視

因此透過閱讀都市傳說，我們可以發現一些隱藏在其中的歧視。

比如細細閱讀「丐童傳聞」，我們會發現這傳說有一個相當不合理的地方：**既然前幾年的綁架案已經證實綁架孩童可以勒索到不少贖金，那麼為什麼犯罪集團要大費周章砍掉孩童的四肢和舌頭**（萬一技術不好，虛弱的孩童很可能在過程中失血致死），**再把他放到人來人往的行天宮前，讓他有機會被父母或其他熟人認出來？**

---

1 松田美佐著，林以庭譯《流言效應：沒有謠言、八卦、小道消息，我們不會有朋友、人脈，甚至活不下去》，二〇一九年，一起來出版。

這種不合理性說明了一件事，那就是人們認爲「被斷手斷腳的丐童很可憐」。

都市傳說通常會選用最驚悚的情節或場景，以激起人們的恐懼。「斷手斷腳」本身是相當聳人聽聞的，因此「更衣室的暗門」或是「不倒翁女」才會選用這個特徵。在有「怪奇秀」或「見世物」傳統的歐美日，失去四肢的女性就成了獵奇的對象。在臺灣，人們則將這種獵奇心理結合同情，投射到殘缺的丐童身上。「丐童傳聞」的令人害怕之處，就是「我們（受到良好照顧）的孩子」成爲「路上行乞的丐童」。**丐童有多可憐**，「**自家小孩成為丐童**」**這件事就有多麼可怕**。然而對於不少擁有身心障礙兒童的貧窮家庭而言，上街行乞卻是他們不得不的選擇。

丐童傳聞一出的隔天，《聯合報》記者就去採訪了行天宮附近的小販。小販皆表示「沒有看到缺手斷舌的孩童」。他們也說明了，在行天宮出現的丐童是怎麼來的：

「每逢農曆初一、十五都會有很多穿著襤褸、肢體殘障的兒童經大人帶往行天宮前躺在地上行乞。」

「據一位在行天宮前擺攤已有十多年的老婦人說，兩、三個月前曾有一名婦人帶著頭部已呈水腫患蒙古症的小孩到行天宮前行乞，在她的記憶裡，到行天宮前行乞的孩童大都是得了奇奇怪怪的病，而且又是家庭清寒者，很少是利用小孩來『賺錢』的。」

和傳言所勾勒的不一樣，乞討的丐童並非失蹤小孩，而是清寒家庭罹患疾病或身心障礙的兒童，而且乞討收入對他們而言並不多，一考慮到這些家庭可能還要支付高額的醫療費用，那這筆錢就更少了。**丐童傳聞卻有一個奇妙的誤會，那就是「丐童乞討可以賺錢」**。想像中的犯罪集團甚至為了賺這筆錢，不惜放棄勒贖的大好機會。

不過乞討要是能夠賺錢，那清寒家庭怎麼可能還會是清寒家庭呢？懷疑「乞討可以賺錢」，只說明了人們對於「乞討」的敵意：給予同情的同時，又「擔心」乞討者會因此過上好生活。這種懷疑，可以視作人們仇貧的一種表現。隱藏在丐童傳聞底下的，是對階級的歧視。

因此「丐童傳聞」的關心其實相當有限，它只關心那些「突然成為丐童」的小孩，不包括生於清寒家庭的丐童。即便後者實際上更多、更需要幫助，但對於多數經濟無虞的家長來說，那並不是和他們切身相關的事。

中廣丐童事件的啓示——「言論管制」可以壓制都市傳說嗎？

如今回看一九九〇年發生的「中廣丐童事件」，我們或許會對當時媒體的影響力感到不可思議。或者，對於人們相信謠言的脆弱性感到訝異。由於這是該年的傳播大事，新聞評議會在一九九〇年出了一本《中廣聯播熱線丐童風波案研究報告》，裡頭提到中廣經過這次風波後，其決議是「未來加強篩選聽眾熱線來電」，似乎增加對於言論的管制、排除掉這類聳動消息，就可以避免大眾恐慌。

實際上這麼做是沒有用的。**正是在資訊不流通、言論不自由的社會中，人們更容易相信謠言**。因爲言論被管制的社會裡，人們會認爲她們接收到的資訊必定是「有公信力的」、「可信的」，因此不需要具備獨立的判斷能力，也不需要質疑資訊的眞假。今日要是發生同樣的事件，已經難以掀起相等強度的緊張了。除了人們早已見怪不怪以外，現在的資訊來源相當多元，任何單一媒體如廣播、電視，都已經失去了它們以往的優勢，無法只是因爲「爆出某新聞」就引起轟動。而且，如今我們承受著來自鄰國的資訊攻擊，天天都有假新聞，但除了少數狂信者以外，多數人都知道某幾家特定媒體會生產假新聞。此外，台灣對假新聞更有意識，事實查核管道也變多了。像是「中廣丐童事件」這樣的案例，也已經失去它的傳播背景了。

世界性的都市傳說

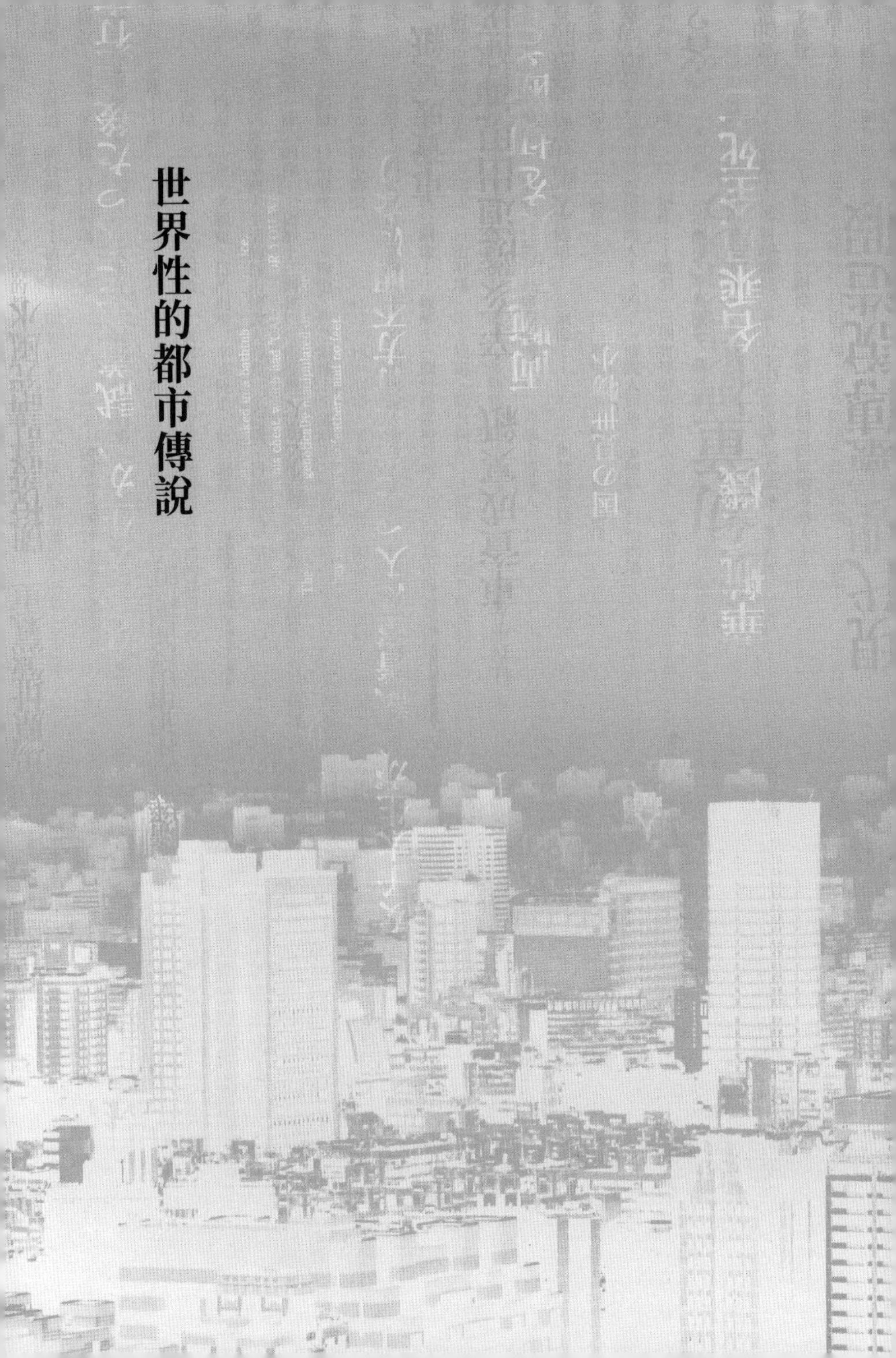

一覺醒來腎臟被偷走？
存在於世界各地的盜腎傳說

（以下文字轉載自 C.G.M.C.S.M. 討論區）

（原文由 rainforest 所發表）

哈囉，各位，

自己小心點，這真的很嚴重，請閱讀下面的文章。

這故事是登在《每日德州人》（德州學的報紙）上。明顯地是發生在秋季時的 **Fall Premier**—德州大學慶祝期中考結束時的傳統，為的是再也沒有慶祝了（譯者曰：大概是因為再來就是期末考了吧。）

這個男的去參加上星期六晚上的慶祝。他覺得很快樂，喝了很多酒，而且有些女孩對他有興趣，於是邀請他參加另一個慶祝會，他很快就答應了，並且自己一個與女孩們同去。慶祝會是在另一樓公寓，他們繼續地喝酒，並吃了一些不知名的藥。

等他再醒來，發現自己全身赤裸地躺在浴缸中，而且浴缸裡滿滿的都是冰。

藥效仍然沒完全退去，不過他看了看四周，發現只有他一個人。

他看了自己的胸部，發現上面用口紅寫了「打九一一，否則你會死。」（譯者曰：九一一就是臺灣的一一九）

他接著看到了一支電話就在浴缸旁，於是他打了電話到九一一去。他向 EMS（Emergency Service？急救服務？）說明目前的情況，並表示他不知道自己在何處，他吃了什麼，與他為什麼要打這電話。

EMS 建議他離開浴缸，並照照鏡子，他照做了，並無發現任何異狀。

EMS 再建議他檢查自己的背，他這才發現了兩條九英吋長的切割傷口在背部下方。

EMS 要他馬上躺回滿是冰的浴缸，並馬上派一組急救隊來。

在仔細檢查之後，明顯地，他發現事實超出預期。他的腎臟被偷了！

在黑市裡，一對腎臟值一萬美元！！（我以前從不知道這事實）

這件事可能是：第二個慶祝是個騙局，參與的人中至少有醫學院學生，被害人所吃的藥也可能不只是單純的迷幻藥。

不管如何，被害人現在正躺在醫院裡靠維生系統過活，並且等待腎臟的捐贈。

德州大學正與拜爾大學醫學中心合作，在尋找這個大四學生的腎臟。（譯者曰：原意是從事組織研究以找出與受害者——大四學生——腎臟相符的人）

我希望警告你們，一種新型態的犯罪正在發生，並且以旅行者為目標。

這個犯罪組織很有規模，有錢，並且有訓練有素的人員。

這犯罪行為正發生在絕大多數的主要城市，最近尤其是在新奧爾蘭。

——一九九七年，PTT某班板轉貼討論區留言

如果您自己或有親戚朋友常往來大陸請一定要認真看完以下的內容

The following story happened in China, a new crime that targets young lady or man for his or her kidney. Horrible crime.

四川有一個大學女生去參加星期六晚上的慶祝。她覺得很快樂，喝了很多酒。

這時有個年輕帥哥坐在了她的前面。在男孩的百般調情挑逗下，該女生終於答應與這個帥哥去了家附近的酒店，並開了個豪華包間。房間裡，該女生喝了些酒，漸漸地她開始覺得不清醒，然後就睡著了。

當該女生再醒來時，發現自己全身赤裸地在浴缸中，而且浴缸裡滿滿的都是冰。浴缸旁邊有張紙條，上面赫然用紅字寫著「打一二〇，否則妳會死！」她自己的手機也在紙條旁邊。

她撥打了，並說明自己目前的情況。醫生建議她檢查自己的背部，結果她發現有兩條九吋長的割傷口在背部下方！！！醫生要她馬上躺回滿是冰的浴缸，告訴她不要動，馬上會有急救隊來找她。

原來，她的腎臟被偷了！那兩條口，就是取出她的腎臟時留下的！在黑市裡，一顆腎臟值三十萬人民幣。

法醫判斷，被害者所喝的酒中，可能不只是單純的迷幻藥，還有強力的麻醉劑，而冰也起到了鎮痛效果，所以被害者暫時不會感覺到疼痛。該女生在醫院裡等待腎臟捐贈無果後死亡。

員警忠告大家：一種新的犯罪正在發生，並且以年輕女性和旅遊者、學生為目標。犯罪組織很有規模，並且有訓練有素的員工。

這種犯罪行為正發生在很多主要城市，最近尤其是在山東、廣州、深圳、佛山、東莞、廈門、泉州、北京、上海、四川、重慶、全國各地酒吧!!

發給你關心的任何一個朋友，不要吝嗇區區的十秒，也不要煩。

——二○○九年，PTT轉貼的「中國女大學生版盜腎傳說」

一個男生參加了一場聚會。在聚會上，有個年輕女孩頻頻對這男生表示好感，他答應了，兩人到飯店裡開了間房間，又喝了酒，男生沒多久就睡著了。當他再次醒來，發現自己全身赤裸地坐在滿是冰塊的浴缸之中，眼前有一張紙條寫著：「快打一一九！」

他打電話過去，一一九叫他檢查自己的背後，他發現背上有兩道長長的割痕。一一九告訴他：你的腎臟已經被偷了。

這故事是真的——才怪。

你是第幾次讀到這個故事了呢？

我大約在二〇一〇年左右聽到這個傳聞。那時我才十八歲，打算隻身前往中國。我被我的父母提醒，要小心陌生人。他們可能會下藥，並且偷走我的器官。

我當時很震驚，彷彿看到《獨角獸查理》動畫情節在我生活中成真。（《獨角獸查理》裡頭有一段，查理昏迷以後甦醒，發現自己腎臟被偷了。）

我後來才知道，信以為真的人不只我一個。盜腎傳說是流傳最廣的恐怖傳說之一，讀過這個故事的人，遍布歐洲、美洲、亞洲。最早的一批讀者，約在一九九〇年左右接觸到這則都市傳說。如今已經三十年了，盜腎傳說依然在催生它的新讀者。每隔幾年，就會有新聞報導、論壇轉載，說哪位受害者被偷了腎，敘述充滿情節與細節，實際上並無此事，卻看起來眞有其事。故事被當成眞相，再次引發恐慌。

同樣的過程已發生過無數次，每次總會有新讀者上當。爲什麼盜腎傳說總是能精準激起人們的恐懼呢？它憑什麼？

令人心動的豔遇，背後可能有不爲人知的危險？

原因之一，可能是人們喜歡恐怖傳說。

廣泛流傳的恐怖傳說，包括「鉤子」、「男友之死」和「更衣室的門」，這些聚焦於突如其來的死亡、失去和傷害的傳說：男友下車後不再回來，幽會時遇上殺人犯，妻子進入更衣室被擄走，危險總伴隨著約會、旅行等令人愉快的事物出現，提醒人們得意之時不可忘形。

「盜腎傳說」也遵循一樣的原則，警告人們性邀約背後的威脅。美女是誘餌，性是陷阱，一夜春宵後換來的不是滿足，而是被劃開的身體。

「帶有性意味的恐怖傳說」是盜腎傳說受歡迎的原因之一，但不會是全部。綜合考察它的幾個版本，會發現它所涉及的主題，遠遠超出性和恐怖。

窮國對富國的怨恨？起源於南美洲的盜腎傳說

南美洲擁有「盜腎」這一系列傳說最早的前身。盜腎傳說在歐洲、美國、中國、臺灣都有流傳，但在南美洲的流傳時間是最早的，即便這時候，它還與後來的歐洲版、美國版、中國版不同。南美洲版的盜腎傳說，受害者是兒童。

法國研究者維若尼卡．坎皮儂．文森發現，一九八七年已有傳聞指出南美洲的大城市裡，商人付錢給不肖警察和軍人，讓他們屠殺流浪兒童，以取得新鮮器官。一九九一年十二月，《星期日泰晤士報》等國際媒體又報導，人體器官的黑手黨正在掠奪貧民窟：

「年僅十一歲，奧斯卡住在阿根廷首都布宜諾斯艾利斯南部郊區，在一個悲慘聚落裡一條充滿惡臭的街上被綁架。惡徒們把他綁架到一間至今仍無法查明的診所裡，開刀摘取他的一枚腎臟，一個月之後把他送回家，塞給他四百塊錢並在他身上留下一道疤痕。」[1]

這則報導說，這類故事已在阿根廷流傳了兩年之久，它可能是某種南美國家的集體幻想。除了阿根廷，墨西哥也出現相似的新聞。布魯范德記錄了一九九〇年二月二十八日墨西哥的英文媒體《新聞報》的報導：一個八歲的小孩在街上失神徘徊，他身上有一道傷口，腎已經被割走了。

這類「新聞」在南美洲不斷出現。當然它們都是虛構的，這類故事忽略偷腎所需要的高超醫學技術，一個犯罪組織要同時擁有這般技術而不被發現，是不可能的。

坎皮儂・文森概述了這類故事的典型模式：兒童失蹤後再次出現，伴隨著疤痕、失明，或是剩下的一顆腎。通常，還有他們口袋裡的一筆錢（表示了富人的虛偽）、一張諷刺的紙條（「謝謝你的眼睛」），擄走他們的常是開著黑色高級車、穿著黑皮衣、拿著槍的外國人。

那個「外國人」，很有可能是美國人——這類故事很常將苗頭指向富裕的第一世界。那則阿根廷的報導就提到，「腎臟可能被賣向北美、巴西或阿根廷的病人。」

我們不難發現南美洲版本中，處處透露著來自富裕國家的威脅。這展現在富裕的外國人、北美的器官需求等細節裡。坎皮儂．文森認爲，南美洲的這些傳聞，「**象徵性地呈現了富國利用不公平的貿易和經濟關係攻擊傷害窮國的事實**」，**富人身體若有殘缺，就自窮人身上豪取強奪**。

很快地，「盜腎傳說」開始在歐洲流傳。這時故事的主角、背景都產生改變，貧民窟小孩和他口袋裡的錢消失了，地點變成陌生的異地，空間也改成旅館、酒吧等空間。**但發展程度不同國家間的衝突仍在**。

只是，倒過來了。

1 維若尼卡．坎皮儂．文森〈被偷走的腎臟〉，《都市傳奇：流傳全球大城市的謠言、耳語、趣聞》，二〇〇三年，麥田出版。

盜腎傳說在歐洲——「歐洲遊客會在落後國家被偷」的恐懼

盜腎傳說的受害者主要有三種：旅行者、商務客、大學生。

這三種人的共通之處，是會因爲旅遊、工作，或求學，進行長距離的移動，到一個非他們原本所居住的都市。對他們來說，這些地方足夠陌生，也足夠危險。

一九九〇年夏天，德國流傳著這樣一則事件：一團來自德國布萊梅的旅客，在拜訪土耳其伊斯坦堡的過程中失散了。兩天後，旅行團內的一位婦女在海灘上找到了她的丈夫，他眼神呆滯，身上有一道疤痕。她將丈夫帶回德國，醫生告訴她，她丈夫的腎臟已經被摘除了。

這起「事件」成爲德國該年度的熱門話題，但當然，它也是虛構的。土耳其警方和伊斯坦堡德國領事館都未曾接到報案消息。除德國以外，盜腎的故事也在瑞典、荷蘭流傳。

一九九〇年十月，一名女孩告訴瑞典的民俗傳說研究者，她父親和一位男性友人一起拜訪巴西，那名友人在喝了酒後失聯。隔天，友人在某家旅館裡醒來，背上有一道疤痕。他返回瑞典接受治療，發現自己被偷走了一顆腎臟。

美國的都市傳說研究者布魯范德也收過一封來自荷蘭的信，信中告訴他一個「荷蘭萊登的旅行者在北非突尼西亞被偷腎」的版本。

歐洲旅行者會被偷腎的國家，除了上述的土耳其、巴西，還包括其他南美洲、東歐國家。和瑞典、荷蘭、德國這些北歐、西歐國家相比，這些國家被認爲現代化程度較低，出售腎臟是窮人可以快速得到金錢的辦法。當然，這並不會是這些歐洲富裕旅客的選擇。正是如此，所以這個傳聞特別驚悚。

我們不難想像隱藏在這則傳說底下的衝突。遊客怕被偷，但和「身體一部分被偷」相比，錢財都是小事，對足夠富裕的國家來說尤其是。因此歐洲版本中，受害者口袋中的那筆錢不見了。**若說南美洲版本裡，貧民窟小孩遭遇的是「強迫性的不公平交易」，那麼歐洲版本中遊客遇到的，則是更為單純的竊盜**。

南美洲版本中，是富國用其經濟、武力優勢，掠奪了南美洲小孩健康的身體，並給出少得可憐的一筆錢。這筆看起來像是補償、又像是施捨的錢，表現了富人對於窮人的虛假態度。但在歐洲版本中，富裕的一方才是受害者，他們並不需要被施捨，因此「口袋裡的那筆錢」也就從故事中消失了。對於歐洲遊客來說，他們就只是「被偷了」，就像錢財被偷一樣，偷竊者都是爲了錢。而這批外國遊客既有錢，又好欺負，只是這回，偷竊者偷的是更無價的東西——器官。

盜腎傳說在美國——「罪惡之城」紐約到底有多罪惡？

布魯范德在一九九一年三月收到幾封信，告知他現在正在流傳的盜腎傳說。其中一版發生於週末到紐約遊玩的年輕人身上。一群人到紐約尋樂，其中一個受到他在酒吧邂逅的女人所吸引，他告訴朋友們，他要和這女人去過夜。朋友們後來都沒再收到他的消息，直到他打電話給他們，說他在某間旅館，請他們快來找他。朋友們趕過去，發現他躺在滿是血的床單上，看起來很虛弱。他們把他送進醫院，才知道他已經被偷了一顆腎臟，他還可能吸了毒。

另一個則發生於華盛頓的商業人士身上。這團商業人士中有三位女性、一位男性，他們每週會到紐約工作，並留下來過週末。其中一個週末，那位男性在週五晚上自己待在酒吧裡，女人們自行出去。她們一直沒有收到那位男性的消息，因此而感到擔心，但在星期天早上，他打電話到她們的旅館，請求她們來救他。她們發現他滿身大汗、眼神呆滯，因此把他帶到醫院。原來他被下了嗎啡、縫了一百一十針，且失去一顆腎臟。一位醫生說，手術「由專家完成」。

美國版中，故事總是發生在紐約，無論這些故事是從維吉尼亞州，或俄亥俄州聽來的。講述故事的，是那些和故事主角類似的人：商務人士、食品公司員工、公司主管……對他們來說，這是和他們相似的人所發生的故事。他們可能在講述或聽聞這些故事時，投射自身的恐懼。

那時之於美國其他州，紐約似乎是個既重要又危險的罪惡淵藪，它同時是商務中心，充滿了各種炫目的娛樂，但也同時埋伏著數不清的威脅。這些威脅，常以誘惑的方式出現，包括具有誘惑力的女性，包括毒品。事件主角總是男性，他在酒吧邂逅了一位美女，開了房間，最後失去他的腎。

和南美洲版、歐洲版不同的是，美國版的「誘惑」主題更爲突顯。儘管在瑞典版裡，「酒」跟「女性」已隱約出現，受害者是在喝了酒後失聯，醒來時已經身在旅館。但在美國版中，「受女性誘惑」的情節已經明顯浮出檯面。**被偷腎的受害者幾乎必然具有某種「弱點」，在南美洲版本裡，是經濟弱勢和年齡弱勢的小孩；在歐洲版裡，是人生地不熟的觀**

光客；到了美國版，這些到紐約的商務人士沒有什麼顯而易見的劣勢，而是紐約這個大城市太過可怕，足以吞噬人——用讓人難以抗拒的酒、性、毒品。

我們可以看到，在「盜腎傳說」流傳的過程中，情節不只在變異，其變異方向還越來越具體。一開始只有「失蹤」，以及「失蹤後再出現」的描述。故事對於再度出現的場景、情節，都交代得不夠具體。但在這兩個美國版本裡，都至少包括了朋友接到電話、抵達旅館找到受害者、受害者看起來虛弱或床單沾血等情節單元，一個版本甚至還添加了一句「由專家完成」——這些情節充滿畫面與真實感，而傳說走到這一步，已經非常清晰、具體，它往後的所有版本，都將以這個過於清晰的模組繼續發展下去。

中途加入隊伍後，就一直沒脫隊的情節——冰浴缸

一九九一年後，傳說繼續流傳，場景從紐約轉成德州、拉斯維加斯、新奧爾良、休斯

頓等城市，在流傳過程中，傳說再次演變。

紐約版細節已經夠多，但傳說不會對此感到滿足，它們永遠貪求更多細節。新的版本裡，添加了兩個重要的細節，這兩個細節太過優秀，這使得此後，它們一直留存在盜腎傳說中。

那就是「九一一」跟「冰浴缸」。

在這些版本中，受害者變成孤單一人。他可以打電話求援的朋友消失了，而原本使用受害者朋友視角所講述的故事，其視點也轉換成了受害者本人。因此多了這樣一個場景：受害者躺在滿是冰的浴缸裡醒來，前面有著一張紙條（或是口紅寫成的文字），告訴他：「快打九一一，否則你會死！」

這個新加入的情節馬上成爲核心，如今，若搜尋「盜腎傳說」的圖，多半會看到充滿冰的浴缸這一幕。

冰浴缸的出現可能是在一九九四至一九九五年之間，但廣泛流傳，則是經由一九九六年的「德州大學版」。

「德州大學版」的出現至關重要，它成爲臺灣流傳的主要版本。如果你在臺灣聽過「盜腎傳說」，那麼無論你聽到的是美國版或是中國版，幾乎都差不多。因爲中國版與美國版的傳說文字十分接近，兩者只有幾字之差。

你可能會想：「這怎麼可能？」

但考察版本的流變，就可以發現眞相。

臺灣流傳的「德州大學版盜腎傳說」

二〇〇二年九月，「網路追追追」調查了盜腎傳說，刊載了題爲〈十年不衰盜腎傳奇話從頭〉的文章，揭示盜腎傳說已經流傳了十年以上。被當成消息來源的德州大學也已經闢過謠，要大家不要再相信了。此後，只要臺灣再次出現盜腎傳說，必會有人引用這篇文章。

二〇〇二年這時，「網路追追追」說盜腎傳說「在網路上流傳已久」，它所引用的版本，是德州大學版盜腎傳說。這也許是盜腎傳說中流傳最廣、最著名的一個版本。

但它會成爲「德州大學版」，純粹只是因爲一個小意外。

德州大學版盜腎傳說——一個厲害的故事，與一起無心的意外

（這故事是登在《每日德州人》〔德州大學的報紙〕上。）

明顯地是發生在秋季時的 Fall Premier，德州大學慶祝期中考結束時的傳統。這個男的去參加上星期六晚上的慶祝。他覺得很快樂，喝了很多酒，而且有些女孩對他有興趣，於是邀請他參加另一個慶祝會。他很快就答應了，並且自己一個與女孩們同去。慶祝會是在另一棟公寓。他們繼續地喝酒，並吃了一些不知名的藥。

等他再醒來，發現他全身赤裸地躺在浴缸中，而且浴缸裡滿滿的都是冰。藥效仍然沒完全退去，不過他看了看四周，發現只有他一個人。他看了自己的胸部，發現上面用口紅寫了「打九一一，否則你會死」（註：九一一就是臺灣的一一九）他接著看到了一支電話就在浴缸旁，於是他就打了電話到九一一去。他向 EMS（Emergency Service，急救服務）說明目前的情況，並表示他不知道自己在何處，他吃了什麼，與他爲什麼要打這電話。EMS 建議他離開浴缸，並照照鏡子，他照做了，並無發現任何異狀。EMS 再建議他檢查

自己的背，而只發現了兩條九英吋長的切割傷口在背部下方。EMS要他馬上躺回滿是冰的浴缸，並馬上派一組急救隊來。在仔細檢查之後，明顯地，他發現事實超出預期。他的腎臟被偷了！在黑市裡，一對腎臟值一萬五千美元！

這件事可能是：第二個慶祝會是個騙局，參與的人中至少有醫學院學生。被害人所吃的藥也可能不只是單純的迷幻藥。不管如何，被害人現在正躺在醫院裡靠維生系統過活，並且等待腎臟的捐贈。

德州大學正與拜爾大學醫學中心合作，在尋找這個大四學生的腎臟。

以上是「德州大學版」的中文翻譯。細讀這個版本，我們不難理解，這個版本爲什麼擁有這麼多讀者——它實在太完整了！這完全是一篇簡潔生動的小說，情節環環相扣，每一個細節都有用意。

首先，男大生發現「打九一一」的訊息，是在他的胸口上，用口紅寫成。這個女性化的傳達方式，透露了女性角色在這個故事中的曖昧角色：既給男大生設下陷阱，又用口紅告訴他自救的辦法。不是紙條，而是口紅。這比紙條艷情得多。

其次，是電話。電話一般來說不會在浴缸旁邊，但電話被搬到了浴缸旁，這大概是偷腎的那團人做的，爲了讓受害者可以打電話。他們要他的腎，但不需要他的命。他們設想周到，知道被割腎的人虛弱到不適合移動到電話旁。

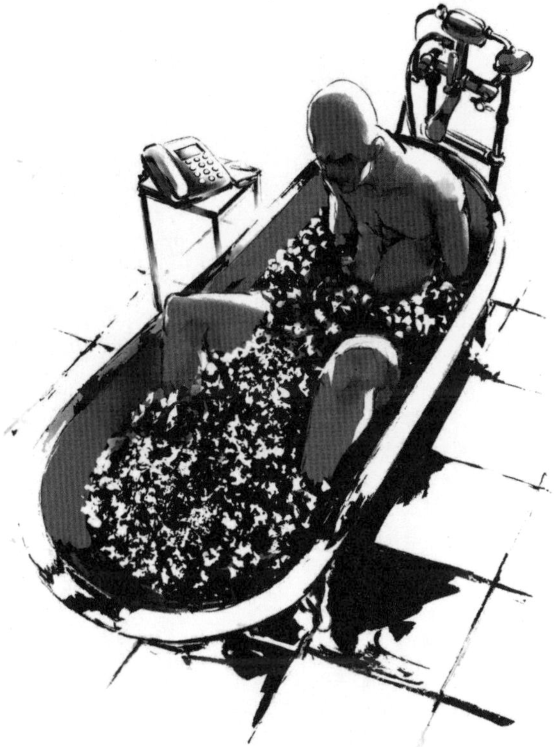

第三，是九一一的緊急救助接到電話之後的反應。九一一顯然對於這狀況感到十分熟悉，因此下的指令十分精準：一、離開浴缸照照鏡子，二、檢查自己的背。九一一知道男大生身上一定會有傷口，因此希望他在照鏡子的時候發現，但沒有。九一一可能也熟悉男大生沒有發現傷痕的原因，是因爲傷口在他的背部，因此他下了第二道指令：檢查自己的背。終於讓男大生察覺異狀。

這三個細節都十分精彩，德州大學版盜腎傳說的優秀之處完全是小說式的。足證一個優秀的傳說，不只要精準擊中大眾的恐懼，還需要擁有優秀的技藝。我們不知道是哪位作者加入了這兩個細節，作者沒有留下姓名，但有一位傳播者的姓名，卻進入了德州大學版的盜腎傳說。

一九九六年五月，一個大學生版本的盜腎傳說出現，（應該就是德州大學版去頭去尾的版本）。但同年十月，德州大學奧斯汀分校機械工程系的一位行政助理 Kimm Antell 轉發了這封郵件，在轉發時附上了個人的簽名檔。這個簽名檔爲盜腎傳說提供了權威性，在那之後，傳說迅速地加入了「德州大學」的內容，將這個故事描述爲刊載《每日德州人》上的文章，在末尾加上「德州大學正與拜爾大學醫學中心合作，在尋找這個大四學生的腎臟」，Kimm Antell 也被當成《每日德州人》的編輯。這對她的工作和生活造成了巨大的困擾，在一九九七年一月之前，她已經收到四百通電話、兩百封電子郵件，和 NBC 等電視台、電台的訪問。

德州大學在一九九六年十二月，澄清過此謠言[1]。澄清重點包括：腎臟移植是一項複雜的手術，不夠專業會導致受害者失去性命。《每日德州人》沒有刊載過這篇文章，以及德州大學奧斯汀分校沒有醫學系。

這樣看下來，其實「德州大學版」之所以是德州大學的原因，只是因爲德州大學的員工轉發了信件。當初若是密西根大學的員工轉發，那麼「德州大學版」說不定就變成「密西根大學版」了。

1 網站網址 http://web.archive.org/web/20021008065052/http://stumedia.tsp.utexas.edu:80/webtexan/kidney.html

臺灣人翻譯了盜腎傳說，從此將它引進中文世界？

「網路追追追」二〇〇二年時說「德州大學版已在臺灣流傳多年」，但這個版本直到一九九六年才在美國流行。那麼問題來了，盜腎傳說是從何時傳入臺灣的呢？

答案可能是一九九七年冬天。

當時在臺灣，這類都市傳說可能會在BBS上流傳。如今翻找BBS的網路備份，一九九七年、一九九九年、二〇〇〇年，都有轉貼的紀錄。一九九七年的紀錄為該年的十二月，臺中二中某個班板的文章[1]。這篇文章轉貼自「C.G.M.C.S.M. 討論區」，發表者是「rainforest」（見文章開頭所附的第一個版本）。不知道這出處指的是哪裡，但是這個紀錄非常珍貴，因為它是一個中英文並陳的版本。從文章轉貼的時間點，和雙語並陳的形式看來，德州大學版盜腎傳說才剛被翻成中文，正要開始它在中文世界的流傳。

除了中英文並陳以外，這個版本還有「譯註」，包括「譯者曰：九一一就是臺灣的一一九」，「譯者曰：原意是從事組織研究以找出與受害者——大四學生——腎臟相符的人」，譯者保留了他的觀點、他的身分（應該是個臺灣人），以及使用一種彷彿「太史公曰」一般的獨特體裁。可以感覺得出來，譯者才剛以個人的身分翻譯完這個傳說，因此文中還處處留有他的個人痕跡。這些獨特的痕跡，會在後來的版本中盡數消失。「譯者曰：九一一就是臺灣的一一九」這句，在其他版本中變成了簡單的「註」，譯者原本對於 EMS 如何翻譯還感到相當遲疑（「Emergency Service？急救服務？」），後來的版本直接將疑問句化成肯定句。這使這則文章看起來更中性、更可信。

我們不知道這篇文章的作者是誰，但我們有機會知道譯者是誰。從這個版本的原生痕跡看起來，似乎我們再往上游探究，就有能找到譯者。他可能是「C.G.M.C.S.M. 討論區」的「rainforest」，也可能是 rainforest 轉載的某個來源。

這個翻譯過程十分關鍵。因爲這個譯本的傳播範圍，廣泛得超乎想像。

---

1 網站網址 https://www.ptt.cc/man/TSSHS55th319/D39B/M.883054721.A.html

「中國化」的盜腎傳說，更強調「性」的版本

若問問臺灣讀者，他們聽到的盜腎傳說背景為哪個國家？近一半的人會回答中國，一半以上的人會回答美國。這部分得益於《獨角獸查理》的流行，另一部分則是因為，德州大學版本在臺灣流傳得實在太廣了。它流行時間主要集中於一九九七至二〇〇二年（之後當然還有流傳，二〇〇二年只是以「網路追追追」的闢謠為界），這段時間正是臺灣網路使用者快速增加的時期。當時接觸網路的一代用戶，最小的可能是國小生，也都受過這傳說的洗禮。如今，他們也已經長成二十七、八歲的年輕人了，還記得小的時候在網路上瀏覽過的「盜腎傳說」。他們當初看到的，應該就是德州大學版。

除此之外，二〇〇〇年前後，似乎是臺灣迅速接受美國都市傳說的一個時期。不少翻譯的傳說在臺灣流傳。二〇〇〇年左右的「肯德基基因雞」傳說，也是從英文翻譯而來。

德州大學版被臺灣人翻成中文後，傳至中國，並且在中國本地開始「中國化」，雖然中國化得相當不徹底。

二〇〇四年左右，盜腎傳說出現了廣州大學版。這個版本現在可以在論壇裡找到轉貼。轉貼文章以「特級警告！不要和陌生人喝酒」開頭，在二〇〇五至二〇〇七年間廣泛

傳播。雖然少數接觸到的讀者表示，他們兩年前看過美國版，但多數人還是相信了這則翻譯的傳說。

這個最早出現的廣州大學版，有幾個改動：

1　將德州大學改成廣州大學，但保留原文，包括「廣州大學慶祝期中考結束是個傳統」，但實際上根本沒有這個傳統。以及把「德州大學正與拜爾大學醫學中心合作，在尋找這個大四學生的腎臟」改成「中山大學與廣州大學醫學中心」。改編者至少對於廣州有基本的了解，雖然他編造了廣州大學的傳統，但還知道廣州的著名大學是中山大學。

2　將美國的「九一一」改成中國的「一一〇」，這是中國的報警專線。

3　德州大學版的完整版原有一句「這犯罪行爲正發生在絕大多數的主要城市，最近尤其是在新奧爾蘭」，中國版則改成了「廣州」這個快速興起的南方城市。

4　提到男生去女孩們的公寓，是「坐出租車去（有車喔）」（中國稱計程車爲「出租車」）

除此之外，全文照搬，一字不差。中國改編版襲用了臺灣的翻譯。

若將兩段文字放在一起比對，會發現字句根本一模一樣，只有上述四處不同。但地點、電話這些，都是因地制宜的合理改動，唯有「坐出租車」是多餘的，為什麼要強調出租車，還說「有車喔」？

計程車給予人昂貴的印象，但其實和臺灣相比，中國的出租車相當便宜。廣州現在的收費標準是二點三公里以下十元人民幣，此外每多一公里多收二點六元。多便宜呢？這表示二點三公里只要花臺幣四十七元，同樣距離臺灣要花九十五元。在中國，計程車連學生都坐得起。不過廣州改編版主要流傳在非廣州的外地，對於這些地方的人來說，「坐出租車」可能仍是件相當奢侈的事，值得強調。

廣州大學版在流傳中改變。例如「廣州大學」變成廈門大學等中國其他南方大學，或是增加了更爲艷情的描寫。例如一個出現於二〇〇七年左右的版本，刪去公寓派對一段，而讓男生「在女孩的百般調情挑逗下」，去「酒店」開了「一間雙人間」。因爲這版本中，「性」的主題更明顯，因此這版本的警示往往是「千萬不能嫖妓」、「大家以後千萬不要嫖娼啊」。

另一個中國版本——警告大學女生們不要輕易發生一夜情

二〇〇七年版還改了一個細節，讓男孩醒來時，發現在他旁邊的並不是電話，而是手機——在德州大學版開始流傳的一九九六年，手機還不夠普遍，但在二〇〇七年的變體中，保留飯店電話而不使用手機，才是不自然的。

二〇〇八年，大學男生版又變成了大學女生版，這回主角換成了四川的大學女生，誘惑者變成一位年輕帥哥。同年，「網路追追追」在〈十年不衰盜腎傳奇話從頭〉裡，新增了這個四川女大生版。經過中國本地化改編的大學生版，也來到了臺灣。

都市傳說都含有某種警告，從德州大學版到廣州大學男生版、四川女大生版，相同的故事，卻攜帶不同的寓意。德州大學男生在派對上遇害，因此傳說常以「Reason to not party anymore」（不要再參加派對的理由）開頭，但派對文化在中國並不興盛，因此中國版警告的是「不要和陌生人喝酒」（或是不要嫖娼），四川女大生版所代表的寓意，或許是警告年輕女孩們「不要輕易發生一夜情」。

二〇〇八、二〇〇九年，剛好就是第一批「九〇後」上大學的年紀。經過改革開放、經濟成長，這些新一代的年輕女孩，在感情、性方面的態度已經和上一輩不同了。而在廣大的中國，女孩們又往往到外地求學，「上大學」意味著脫離父母的掌控，這足以引發父母輩的焦慮，擔憂「九〇後女孩」會因爲誘惑而出事。

但無論是何種警告，這些都是中國本地才有的寓意。廣州大學版和四川女大生版都曾來到臺灣。**一旦脫離中國，來到臺灣人眼前，傳說所代表的主要意涵就改變了**。兩個傳說版本，都只說明了一件事。

那就是，中國很危險。

對臺灣人而言，中國版盜腎傳說展現了「中國有多恐怖」

二〇〇〇年後的十年，是兩岸經貿交流的成長期。二〇〇〇年赴陸旅遊人數爲三百一十萬人，此後逐年成長（只有二〇〇三年因 SARS 下跌），二〇一〇年，赴中國旅遊的臺灣人有五百一十四萬。較十年前成長了兩百萬人。而這段時間，也因爲中國加入WTO的影響，而使得臺商紛紛投資中國。我們不難想像，在中國的盜腎傳說傳播的二〇〇〇年代，臺灣已經有許多人前往中國工作、貿易、旅遊。但同時，也有許多對中國的惡劣印象在臺灣人之間流傳著：在中國容易被搶劫、中國人上廁所不關門、中國治安衛生狀況非常可怕、在中國容易失蹤……

「盜腎」是發生在中國的恐怖故事，那麼對臺灣人而言，它就是顯示「中國有多恐怖」的故事。

這些警訊跟隨著盜腎傳說流傳。若你在網路上搜尋傳說的轉貼，你可能會發現以下標題——

「出國旅遊中國不要去！可怕！」

「去大陸旅遊的人要注意了」

二〇〇九年，PTT NetRumor板轉貼的四川女大生版[1]，以這樣一段文字開頭：「如

1 網站網址 https://www.ptt.cc/bbs/NetRumor/M.1239099208.A.2E6.html

果您自己或有親戚朋友常往來大陸請一定要認眞看完以下的內容」。

接著敘述四川的大學女生腎臟被偷的故事，文章最後結束在：「這種犯罪行爲正發生在很多主要城市，最近尤其是在山東、廣州、深圳、佛山、東莞、廈門、泉州、北京、上海、四川、重慶、全國各地酒吧！！發給你關心的任何一個朋友，不要吝嗇區區的十秒，也不要煩。」（見文章開頭所附傳說的第二個版本）

文末列舉的這串城市，不乏臺商聚集處。例如東莞、深圳、廣州、廈門，都是臺商註冊前幾名的都市。但臺商可能更早就注意到這些傳說。廣州大學版出現時，他們就已經在論壇上討論過了。四川女大生版的傳播範圍可能更廣，更及於那些只是想到中國旅遊、探親的臺灣人，或是臺商的親人朋友，所以才以「如果你有親友往來大陸」開頭。

二〇〇九年，一位想到中國旅遊的男生上網發問：我怕大陸很危險，我身上的器官可以賣錢，我擔心會被分解拿去賣。

這時已經是二〇〇〇年代後半，但「盜腎傳說」似乎回到了它一九九〇年在歐洲流傳時的樣貌：負責告訴旅客，某些外國很危險。**無論這些傳說在中國時夾帶的寓意是「不要嫖娼」或「不要喝陌生人給的酒」，到了臺灣，都成了「不要去中國」的警告。**

經由臺灣翻譯的傳說，來到中國並獲得了中國化的版本，又回到臺灣，成了象徵中國危險的故事。

傳說不死——切合人心的都市傳說，在網路上繼續流傳

二〇〇八年，臺灣又經過一輪政黨輪替。在那之後，親中的馬英九就任，和中國的關係轉好。臺灣商人和旅客繼續往來中國，中國沿海城市繼續發展，上海、北京等大城市的文化品味趨於精緻。中國GDP總量超過日本、成爲世界第二。臺灣人已經不再熱衷轉寄郵件和論壇，臉書成爲主要的社交媒介。二〇一二年，臺灣擁有了LINE，接下來，它將成爲幾乎每個臺灣人都會使用的通訊軟體。你以爲經過這些改變，臺灣已經離上一個十年，很遠、很遠了。

一切都結束了嗎？

並沒有。

二〇一二、二〇一三年間，四川女大生版又在臉書上擴散，有一篇文章甚至被轉發了將近四千八百次。國際村臉書上的居民有很多，不只臺灣人，除了臺灣人以外，香港人、馬來西亞等中文使用者，也有部分人對中國懷抱負面觀感，因此看待這個故事的方式依然是：「如果發生在中國，一點也不足為奇。」、「中國人多，犯罪手法無奇不有。」「到中國旅遊要注意。黑心事很多」……

都市傳說之所以能夠廣泛傳播，是因為它反映了人們內心的焦慮與恐懼。其實在臺灣，盜腎傳說也曾有過泰國版，但它並未能成為臺灣「盜腎傳說」的主流版本。讀者、傳播者自己選擇了他們想要的故事，其結果就是，中國版被保留了下來，並且持續傳播。

那麼你現在知道盜腎傳說流傳許久的原因了。

這不是肯德基！

肯德基不是雞，而是基因改造怪雞？

不要再吃肯德「雞」啦！

肯德基多年來一直是美國人生活的一部分，許多人不論何時都熱愛肯德基，但他們真的知道他們吃的是什麼嗎？

最近在一份新漢普夏大學對肯德基的研究，發現令人非常激憤的事實：是否有人注意到，這家公司已改變名稱，Kentucky Fried Chicken 已變成 KFC？

為什麼？是因為肯德基賣的是油炸食物嗎？

不！是因為他們不能再使用 Chicken 這個字！肯德基並沒有用真正的「雞」！！他們所謂的「雞」，其實是他們應用遺傳基因控制的有機體 (genetically manipulated organisms)：

以管子插入它們的結構中，供以血及營養品維生，它們沒有嘴、沒有羽毛、沒有腳、它們的骨頭構造變態地萎縮以長出更多的肉！

肯德基因此節省許多成本，他們不用除毛，也不用處理嘴及腳的問題。

政府單位已通牒肯德基更改所有菜單，不可再出現「雞」字樣，下次，請細心聆聽他們的廣告，保証你不再看到或聽到「雞」這個字。

請大家重視這個問題！！！！

迫使肯德基使用真正的雞！！！！

附圖是以色列培育的「無毛雞」。

有些時候，一提肯德基，我真的控制不住自己的情緒。在這裡，我只是以一種十分客觀的態度把肯德基的一些內幕告訴大家，只希望每個中國人……能真正認識肯德基。我朋友的父親有幸參觀了肯德基的雞場，那是個對外嚴重保密的地方，任何人都不能隨便入內的。

朋友突然接到他父親的電話，是從美國打來的越洋電話。「以後絕對不允許再吃肯德基了。」他父親說完就掛了。一星期之後，他父親從美國回來，專門來了一趟我們學校，我和他們父

子在一起聊天，也有幸聽到了肯德基雞場的內幕。

每隻雞全身插著管子，一隻雞從孵出來到成品雞的時間是兩個星期。管子給牠們輸的是激素啊！每隻雞身上根本沒有毛，就跟我們見到的已經拔完毛、開膛破肚之後的雞一個樣！

朋友們，你們知道我們在肯德基裡面吃的，雞的腿和翅是最多的，幾乎全是腿和翅，你們想想，哪裡來那麼多的腿和翅，其他部位都哪去了呢？

差不多每隻雞身上都有四至五個翅膀，三至四隻腿。我真的都已經超越憤怒了。看著城市裡那一塊塊肯德基的牌子，我……無語了。

朋友可以到肯德基去觀察一下，在裡面吃的都是什麼人，你一定不會看到外國人的，全是中國人啊，尤其多得是中國的小孩子，這些年一直受到激素困擾正常發育的中國未成年人。外國人自己發明的東西自己卻不喜歡吃，聰明的中國人啊，大家都想一想這是為什麼呢？？？

據說，不管肯德基還是麥當勞或者其他西方快餐連鎖企業，為了在中國市場開創「大好」局面，都有專門研究特別適合中國人口味、讓中國人喜歡的口味配方，以此作為企業開發重點。另外就是研究開發一隻雞身上能長出多條雞腿和多對翅膀的激素催生技術。

現在已經能催生到六條雞腿、六隻翅膀了，但是由於是針對中國消費者——世界上最盲目無知的消費者，所以只是粗放式激素配方餵養，所以往往有一隻雞身上長有三條腿、三隻翅膀，或者四隻、五隻、六隻等等不一而足。

過去把雞翅膀和雞腿切割下來運輸到中國市場，其他身體部位還原成飼料。現在又有企業為了減少成本和產生更好的經濟效益，把這種雞身體的絕大部分加工成雞肉柳，也一併運輸到中國市場傾銷，因此而產生極大的經濟利潤。外國人在獲取極大利潤的同時，我們國人的身體健康和子孫後代的身體健康卻受到極大的傷害！

為什麼現在的小孩子都比較肥胖呢？就是吃了這些含有大量激素的洋垃圾食品啊！

不管是愛國的國人，還是愛國意識淡漠的國人，總肯定是會要為自己孩子的身體健康考慮的吧！拒絕洋快餐！！！

為了自己的孩子，也為了祖國的明天，有良知的人們請把此帖頂起來，讓更多的人看到吧，拜託了！

——二〇〇八年左右，中國網路上廣爲流傳的帖子

（圖片來源：Jewish News "Israeli Scientists Breed Featherless Chicken"〔https://reurl.cc/pDQkdr〕）

你是否曾經有過這樣的經驗：收到一封標題開頭是「轉寄：轉寄：轉寄：」的電子郵件，你一點開，內文告誡你，千萬別再吃肯德基了，因爲肯德基的炸雞，根本不是雞，而是某種基因改造的有機體——並附上幾張驚悚的照片，血色的雞通身無毛，卻活得若無其事，彷彿它是正常的雞——你日後看到肯德基廣告，上頭的炸雞越酥脆肥美，你心裡越是懷疑：隱藏在面具般層層炸皮底下的，眞的是「雞」嗎？

轉寄郵件或許是很久以前的事了，然而謠言並未因此絕跡。網路世界經歷多次改朝換代，轉寄郵件逐漸退流行，但同樣的內容移步到通訊軟體，透過分享、轉發持續蔓延。於是收過轉寄郵件的一代網路使用者，在多年以後，仍會看到新的一批網路居民受害於同樣的老謠言。新來者不斷在論壇、Yahoo奇摩知識+、PTT、知乎、百度知道上誠心地發問：「肯德基的雞眞的是變異雞嗎？」

這是命運的輪迴，也是不死謠言的重生。

流傳二十年的「肯德基怪雞」傳說

謠言存在太久，似乎無論經歷過多少次澄清，謠言都不會死滅。二〇〇〇年，「肯德基基因雞」是臺灣該年的熱門謠言；二〇〇八年，傳說的新版本「肯德基激素雞」成為中國年度八大離譜事件。「肯德基激素雞」謠言持續傳播，新的一波發生於二〇一五年。這回，傳說面臨正面對決。肯德基終於對中國數個涉嫌造謠的微信公眾號正式提告，法院判決肯德基勝訴。

這可能會是謠言的終點，也可能不是。或許再過幾年，怪雞謠言又會透過新的傳播形式捲土重來。誰知道呢？它已經生生死死了那麼多次，不差一次新生。

那麼春風吹又生的「肯德基怪雞」謠言，最初又是怎麼開始的呢？

「肯德基怪雞」網路謠言，至少有過兩個廣為傳播的版本。

第一個版本，流行於二〇〇〇年前後的臺灣與香港，以下稱之為「肯德基基因雞」。

第二個版本，則成為二〇〇八至二〇一五年中國社群的熱門內容，以下稱為「肯德基激素雞」。

但這兩個版本都非最早的，在它們之前，「肯德基不是雞」的主題已經成爲都市傳說，流傳了三十年之久——在那個版本裡，肯德基賣的甚至不是雞，而是老鼠。

這不是肯德雞！而是……肯德炸老鼠？

你或許會疑惑，爲什麼有人相信肯德基炸雞其實是炸老鼠呢？但這則都市傳說確實流行了很長一段時間。它流行的背景，和其他兩個版本有共通之處。

「肯德基炸老鼠」都市傳說和「怪雞」謠言共享同一個焦慮：**人們擔心自己吃到的肯德基炸雞並非真正的雞**。在人們對基因改造的恐懼尚未出現以前，這類傳說的核心是對污染的恐懼。**人們總是擔心自己吃到不乾淨的食物，這種恐懼催生了都市傳說**。

「肯德基炸老鼠」的傳說流傳於一九七〇年代初期。這個傳說被記錄在布魯范德的《消失的搭車客》中，傳說有許多版本，在他所記錄的其中一個版本中，一對夫婦到速食店買了炸雞，妻子吃了一口之後，感覺到味道不對勁。丈夫打開車裡的燈，才發現妻子咬的是一隻炸好的嚙齒動物。妻子嚇壞了，進了醫院，最後死在醫院。

圖片來源：洛城18台晚間新聞（https://www.youtube.com/watch?v=N1mQOsRkI54）

在這類傳說中，受害者都是吃了一口之後，才發現他們咬到了老鼠。研究者指出，吃到老鼠的受害者通常是女性，這是對她們的懲罰：因爲她們迴避烹飪責任，購買速食，所以她們應該爲此付出代價。**這類傳說反映了人們對於連鎖公司的不信任：他們唯利是圖、沒有良心，會在顧客看不見的製作過程中添加有害的污染。**

經過三十年，這一擔憂沒有消失。傳說改頭換面後，在新興的網路世界裡再次出現。

澄清、澄清、再澄清，但沒有用

一九九九年末，一則都市傳說出現在英

文世界中，指稱肯德基賣的並非眞正的雞，而是一種沒有嘴、沒有腳，依靠管子提供營養的一種基因改造有機體。由於這種有機體並非眞正的雞，政府下令肯德基的菜單不可再出現雞字樣，這家連鎖公司也因此改名，從「Kentucky Fried Chicken」改成了「KFC」。文章後頭附上以色列研發的無毛雞照片，並說美國研發的雞將比這更驚悚。

這則謠言很快就擁有了中文版本，使它可以在中文世界廣泛流通。謠言擴散的速度相當快，二〇〇〇年二月，《聯合報》報導中就有一位住在新店的朱先生，因爲收到「肯德基採無頭雞」的謠言，而讓喜歡吃肯德基的他停止消費了一陣子。二〇〇〇年十一月，「網路追追追」追查這則謠言，讓臺大生技中心教授出面闢謠：如今養殖技術已經非常發達，肯德基沒有必要斥資建設養雞場，或研發基因雞。事實上，肯德基並沒有自己的養殖雞場，他們向各地的雞肉供應商購買雞肉。

謠言指出，消息來自於新漢普夏大學（University of New Hampshire）的研究。新漢普夏大學對此做出了回應。根據目前能找到的網路暫存檔[1]，新漢普夏大學在二〇〇〇年

1 網站網址 https://web.archive.org/web/20000229071527/http://www.unh.edu:80/BoilerPlate/kfc.html

二月發布了澄清。新漢普夏大學說明，他們並沒有任何機構做了這類的研究或調查。

他們甚至指出，這則謠言擁有騙局的典型標誌，包括眾所皆知的主題（肯德基）、時事話題（基因改造的動植物），以及一則從可能出發，進而導向不可能的故事。謠言藉著含糊地指向新漢普夏大學的研究，營造出逼眞的效果。

新漢普夏大學不是單純地否認謠言，更透過解析，從內部瓦解其合理性。

但這則傳說並沒有因爲澄清或闢謠而停止，在今日的肯德基網站上，他們擁有一個「Rumor」的分類，裡面有許多闢謠文章，包括其中一篇特別針對「肯德基變異雞迷思」的文章——「網路是許多東西的溫床：貓影片、可疑的醫學診斷，以及想像力豐富的都市傳說，包括肯德基變異雞迷思」[1]。文中引述那則怪雞謠言的內容，再次強調肯德基的雞是百分之百眞正的雞，沒有任何的突變雞或基因改造雞。在另外一篇文章裡，斗大的標題強調著：「肯德基說：雞，雞，雞」[2]。並提供了肯德基更名的眞實原因：只是因爲他們也提供炸雞以外的食物，並且 KFC 比 Kentucky Fried Chicken 唸起來更簡單、更朗朗上口——顯然這則謠言已經困擾了肯德基許久，直到今日，他們還需要爲此澄清。

怪雞謠言是「都市傳說」，但是中文世界卻只把它當作「假新聞」？

針對「肯德基基因雞謠言」，無論是新漢普夏大學，或是肯德基，他們的認識方式都有一個共通點。該共通點對他們來說雖然普通，對於我們而言卻不尋常。

那就是他們都直接地用「都市傳說」一詞來定義這則謠言。

這並非描述，而是一種定義。並且，這種定義已經十分廣為人知，以致於各種網站、書籍都不會遺漏這一定義。都市傳說重要研究者布魯范德，在二〇一二年出版了*Encyclopedia of Urban Legends*，其中也收錄了「Mutant Chickens」（變異雞）傳說。而英語世界具代表性的闢謠網站Snopes，也將「肯德基基因雞」視爲各種關於速食店的都市傳說的其中一種[3]。共識如此清楚：**「肯德基基因雞」也和它的前輩「肯德基炸老鼠」一樣，屬於都市傳說的一份子**。

1 網站網址 http://chickenchattin.kfc.com/kfc-name-change-history/
2 網站網址 http://chickenchattin.kfc.com/where-does-kfc-chicken-come-from/
3 網站網址 https://www.snopes.com/fact-check/kfc-mutant-chickens/

但是，這卻是中文世界裡看不到的現象。儘管中文世界與英文世界共享同一則傳言，**中文世界卻只翻譯了謠言本身，並未同時翻譯對於謠言的認識框架**。若用中文搜尋「肯德基」、「都市傳說」，那麼你將找到眾多「肯德基爺爺的詛咒」是如何害阪神隊不能奪冠的傳說。這反映了英文世界和中文世界對於「都市傳說」這一概念的認識落差。**我們會用謠言、假新聞來稱呼肯德基怪雞傳說，因此，談論到謠言的傳播時，總責怪傳播者無知、容易上當，以致於他們常在未經查證之前就把資訊傳播出去**——或許確實如此，但只侷限在此層面，並無助於我們了解傳播者相信、散播傳說背後深層的心理需求。那才是文化的根本，我們當代心靈之所在。

怪雞傳說，反映了「基因改造食物好可怕」的心理

上述提到肯德基怪雞傳言的二〇〇〇年版本「肯德基基因雞」，反映的是對基因改造食品的恐懼。文中基因雞的令人害怕之處，完全只是因爲「牠」不是雞：「以管子插入它

們的結構中，供以血及營養品維生，它們沒有嘴、沒有羽毛、沒有腳、它們的骨頭構造變態地萎縮以長出更多的肉。」這則傳說裡，基因雞還來不及造成什麼具體的危害（例如令吃下肚的人產生突變，或造成他們死亡），就已經足夠引起人們的恐懼，顯然「基因改造食品」的危險性是不證自明的。

除此之外，它也顯示了人們對於連鎖企業的懷疑，包括企業會不擇手段地追求效率（「肯德基因此節省許多成本，他們不用除毛，也不用處理嘴及腳的問題」），同時有技巧地隱瞞真相，而政府面對此情況卻無力得讓人哭笑不得：它僅僅是叫肯德基從菜單中刪去「雞」一詞。這一傳說的種種細節，鮮明地反映了人們如何想像食品工業化、商業化的可能危害。

和一九七〇年代的「肯德基炸老鼠」相比，二〇〇〇年版本的「肯德基基因雞」的主題已經改變，「髒污」不再是人們害怕的對象。儘管他們依然擔心自己會被連鎖食品工業欺騙，但「基因改造」才是人們關心的問題。

二〇〇八年，「肯德基怪雞」的謠言再次席捲網路。這次，謠言來自於肯德基最大的海外市場：中國。

當怪雞傳說來到中國，激起了中國網民的民族主義情緒

從一九八七年肯德基在北京開設第一家店開始，三十年來肯德基在中國已經擁有五千多家分店。因爲分店數量之眾多，讓肯德基被視爲西方文化在中國的代表。這成爲二〇〇八年流行的謠言的背景。這一版本在二〇〇八至二〇一五年間被大量轉發、閱讀，二〇〇八年它是中國「十大離譜事件之一」，但是往後七年，它並沒有銷聲匿跡，二〇一五年又爆發了一波。這年肯德基提告的那十個微信公眾號，轉發文章的閱讀數都超過十萬。

這篇文章題爲「【麥當勞肯德基】是美國在中國的基因武器試驗場」，文中的雞擁有多隻雞腿與翅膀。這個版本是一九七〇年代「肯德基炸老鼠」和二〇〇〇年「肯德基基因雞」的後輩，它保留了一些和前兩個版本相通的要素，但多了中國特色：中國民族主義。

謠言中，敘述者「我」十分感慨地提及，朋友的父親參觀了對外嚴格保密的肯德基雞場，在那裡發現了肯德基的眞相：每隻雞的身上插著輸送激素的管子，育成時間只有兩週。那些雞身上沒有毛，身上約有四到五隻翅膀、三至四隻腿。實際上激素的效果可以催生到六隻雞腿、六隻翅膀，但由於中國消費者相當盲目，他們採用粗放式的激素餵養，因此雞身上的腿翅並沒有固定數量。

謠言的後半段，提醒讀者注意：在肯德基裡的多是中國人，「外國人自己發明的東西自己卻不喜歡吃，聰明的中國人啊，大家都想一想這是爲什麼呢？」因爲肯德基這類快餐店針對中國人口味研發了配方，憑此在中國獲取巨大利益，與此同時，中國的小孩則受害於激素造成的肥胖與發育問題。因此讀者應該爲了小孩的健康，抵制洋快餐。

這則謠言十分精彩，因爲它精準反映了許多典型的中國焦慮，完美得像是一篇教材。**「基因改造」一類的生物科技主題依然居於這則謠言的中心，但是這回它有了明確的後果：造成肥胖與過度發育**。這將危及中國未來的主人公們的健康——**中國國民身體強健與否，一直以來都不被視為單純的健康問題，而是事關國力的嚴重問題**。「東亞病夫」時代如此，今日也如此。

除此之外，**這篇文章將肯德基在中國市場的勝利，描述為西方生物科技的勝利**（肯德基專門研究中國人喜歡的口味），但是實際上，肯德基將他們的勝利歸因於他們積極地適應當地口味：包括推出老北京雞肉捲、粥品等產品。實際上是中國口味成功地馴服了美國速食，但謠言卻寧願把這現象視爲中國的失敗：**因為中國人盲目無知，於是放任他們的孩子飽受西方科技的毒害**。西方以其先進科技掠奪中國資源的主題，也像是從清末以來就縈繞於中國人心中的噩夢：當初用船堅砲利贏得賠款的西方列強，今日改頭換面，用跨國公司來賺取中國財富。

眞實的食安事件，強化了虛假的謠言

這則謠言在二〇一二年變得眞實。因爲那年爆發了「速成雞」事件。

二〇一二年年底，中國爆發了數起食安新聞。先是山西粟海集團被報導養殖四十五天速成雞（實際上那是白羽雞正常的生長週期），接著六和集團的山東養雞場被曝光投餵非法藥品，而這兩家都是（或曾是）中國百勝集團（旗下有肯德基、必勝客等）的雞肉供應商。儘管肯德基已經澄清，山西粟海集團不過佔供應量的1％，且從去年他們就已經停止採購六和集團提供的雞肉。但隨後上海食安辦又指出，肯德基過去兩年曾有八次被檢測出抗生素殘留不合格的紀錄。

這一連串事件，簡直就像是謠言折射成現實的成果。除了事實上肯德基並沒有自己的雞場以外，其他事實都像是謠言的翻版：包括雞隻過短的生長週期、工廠施打刺激生長的非法藥品。央視在調查山東的養雞場時，甚至提到一個細節：**這類養雞場鐵門緊閉、謝絕參觀——那正是謠言的開頭：戒備森嚴到近乎可疑的養雞場**。

二〇一二年爆發的種種事件，和謠言一樣，準確擊中大眾的深層恐懼。甚至可能影響了大眾對於現實的認知。儘管肯德基已經澄清雙方結束合作，而且非法投餵的，明明是本地養雞場，但是外國廠商肯德基依然名譽受損——這種趨向，會和謠言有關嗎？

我們已經很難說是謠言代表的恐懼心理創造了這些新聞，還是這些新聞的可能性催生了謠言。想像與現實已緊密到難以分割。

二〇一二年的一連串現實，使得二〇〇八年廣傳的「肯德基激素雞」謠言繼續蔓延，直到二〇一五年，肯德基對該年散布謠言的十個微信公眾號提告。這些公眾號屬於中國三家傳播公司，是傳播公司養來幫其他公司打廣告的帳戶，而爲了吸引追蹤者，他們需要一些聳動的內容，「肯德基激素雞」就是其中之一。這背後雖有主動的商業操作，但是讀者的積極接受也不容忽視。

最後肯德基獲勝了，成功獲賠六十萬人民幣。儘管如此，肯德基背後的百勝集團還是在二〇一六年拆分了他在中國的業務，將股份賣給阿里巴巴集團。連環爆發的食品醜聞，以及二〇一六年部分中國人的抵制行動，可能都不是百勝放棄主力經營中國市場的主要原因，但也可能都是原因之一。正如同我們在謠言中已經見到的：**中國人對於外國快餐又愛又恨，愛得直接，但同時也恨得根深柢固，且深深扎根進中國民族主義之中**。這股恨意是難以消除的。

怪雞傳說的流行——人們還沒準備好面對「工業化養殖」

綜觀二〇〇〇年後兩個版本的肯德基謠言，最荒謬諷刺之處或許在於，**即便是養殖過程裡最平凡無奇之處，都足以令大眾感到恐慌。工業化養殖場簡直像是人們親手打造出來的怪物，人們不相信它真能夠提供大量健康、安全、正常的雞隻，以供應肯德基每日五千家店面的炸雞需求**。

確實，工業化養殖有很多問題。動物生活空間過於狹小、排泄物造成環境污染、排放過多二氧化碳……既不人道，亦不環保。**然而它的缺點並非以「多隻雞翅的雞」這種科幻**

的方式展現。但若只是平凡無奇的狹窄、污染，恐怕並不足以容納人們的恐懼。

於是在想像裡，這些雞隻生長期過短，長著多隻雞翅和雞腿——因爲他們只看到腿和翅，於是疑心：「其他部位到哪裡去了呢？」其實那些部位只是被賣到其他通路去了，正如同多數的工業化流程一樣。**只是我們對於工業原料的分割並不會有什麼感覺，但是只要讓雞遭受同樣的待遇，我們就會感到強烈的不安**。

無論是二〇〇〇年的「基因雞」，或是二〇〇八年的「激素雞」，文中的雞都充滿了濃濃的工業感。這兩個版本都具體描述了雞的樣貌，顯然他們認爲這是最駭人聽聞之處——但是充滿工業感的雞隻，爲什麼會讓人感到害怕呢？

或許我們最深層的恐懼，就是雞被當成工業產品，而非生物。但這是矛盾的。依照人類如今的飲食需求，我們確實需要高效率的養殖技術。人類也確實成功了，唯一失敗的是，人們的心靈還沒同步跟上——我們還沒做好心理準備。人類食用雞的歷史極長，但雞隻被以工業化方式對待，不過就是短短幾十年的事情。（如今最常食用、成長期只需要四十五天的白羽雞，二十世紀中葉才被培育出來。）對於現況，我們依然陌生、遲疑：我們眞的想要吃進這樣的食物嗎？

於是，各種將工業化養殖妖魔化的都市傳說出現了。

一九七〇年，傳說伴隨著肯德基在美國的快速擴張展開。二〇〇八年，傳說襲擊了肯德基已在中國建立的廣大市場。它總是與現實相生相伴。傳說已經流傳了將近五十年，它還會持續到何時？

我們不知道。或許只要肯德基、麥當勞這類速食店繼續生產著大量到令人難以置信的雞翅、雞腿，傳說就會繼續存在——再過幾年，或幾十年，我們將會看到同樣的主題（「肯德基不是雞」），結合當時最新、最令人不安的技術，再次出現在我們眼前。

辛亥隧道遇上搭車女鬼？

美國傳說「消失的搭車客」與它的變體們

這天晚上大明一如往常地開著計程車在街上繞，繞著繞著，時間在不知不覺中漸漸地晚了。突然大明看到前有位女子招手叫計程車，便高興地開了過去。等到那名女子上了車，大明從後照鏡偷看了一下那名女子，不看還好，一看就嚇掉了他半條魂，那名女子臉色蒼白，又穿了一身白衣白裙，不發一語，一股陰涼之氣襲了過來。

看見眼前就快到了辛亥隧道，大明想說這樣也不是辦法，想說講點話來沖淡一下自己的胡思亂想，於是便隨口問了：「小姐，妳喜歡吃豆干嗎？」

只見那女子緩緩抬起頭來幽幽地說著：「我啊～生前～很～喜～歡～吃～啊～」

一聽，大明激動得快尿褲子了，想說完了完了，這次碰上不好的東東了。

隨即那名女子又開口了：「可是我產後就不吃了。」

——一九九九年，PTT Marvel板備份中可見的辛亥隧道靈異笑話

「有一天晚上，一個住在斯巴達巴格的旅客正在開車回家的路上，這時他看見路邊有一個婦女。他停車問那個女人要不要捎她一程。那個女人說要去看她的哥哥，哥哥的家就在這條路上，再走三英里就到了。他請這個女人上車並要她坐在他身邊，但那個女人說要坐在後座上。剛開始他們聊了幾句，不久女人就不說話了。

「這個人一直把車開到女人哥哥的家，然後停下來讓她下車。但當他回頭看時，發現車裡並沒有人。他覺得好奇怪，於是走進屋裡去告訴那位哥哥剛剛發生的事。女人的哥哥對此毫不吃驚，並說這個女人確實是他的妹妹，兩年前死了，還說這位旅客是第七個在這條路上讓他妹妹搭車的人了，可是妹妹卻從沒到家。」

——一九三五至一九四一年，美國東南部搜集到的搭車客故事。

來自《消失的搭車客：美國都市傳說及其意義》一書。

那有一天這個大園空難事件才剛爆發之後，那個司機他經過了現場的附近，結果呢就沒有想到，這一家人，這個母親帶著兩個小孩，那就上車。他們就說，他們想要回臺北。那後來這個司機，也因為這個車程算有一段時間，對他們印象也滿深刻的。

結果沒有想到呢，隔一天從報紙上面，他就看到了，原來車子上面所坐的這一家子，其實也在罹難的這些對象當中，有他們的照片出現。

——一九九九年東森電視台《鬼話連篇》中，廣播主持人轉述的聽眾call in內容

這本書的所有都市傳說中，「辛亥隧道搭車女鬼」是我最早聽到的，也是最晚了解的。我在國小時，就聽過這類的鬼笑話：計程車司機在半夜載到白衣女子，白衣女子看司機吃蘋果，說：「我生前最喜歡吃蘋果了。」司機嚇得跑下車，白衣女子這才把話說完：「——生完小孩就不喜歡了。」

在我搜集笑話的時期（我想很多小孩都經歷過那個時期），這是我很寶貝的一則笑話。我能感覺出來這則笑話的有趣之處，是它在原有的鬼故事框架下，接了一個出乎意料的好笑結尾。但是原有的鬼故事框架是什麼呢？當時的我並不了解。**這表示在當時，「辛亥隧道搭車女鬼」靈異傳說，已經進入了下一個週期。**

搭車女鬼在臺灣——辛亥隧道靈異傳說與靈異笑話

這則笑話之所以好笑，前提是「大家都聽過『計程車司機半夜載到女鬼』的鬼故事」。因爲大家都聽過，所以「白衣女子不是鬼」的結局才有意外性。這也說明了，「半夜載到鬼」已經老梗到了無新意，所以原版故事大家也懶得說了，反而是各種借殼上市的鬼笑話廣泛流傳。

那麼，「辛亥隧道搭車女鬼」又是什麼時候開始流傳的呢？

一九七二年辛亥隧道開通，就是在這之後到一九八九年之間，鬼故事開始流傳。一九八九年司馬中原的《吸血的殭屍》裡有一篇〈恐怖夜車〉，故事裡的計程車司機半夜在醫院載到一名少婦，她說要過辛亥隧道，司機雖然因爲辛亥隧道「遍山都是墳墓，又挨著火葬場，鬧鬼的傳說很多」而感到害怕，還是把少婦載到了一棟住宅前。少婦說要進屋取錢，進門後卻沒再出來，司機去按門鈴，開門的中年太太給了他錢，並告訴司機，那是她的大女兒，前幾天難產死在醫院，昨夜也搭車回來過，一樣是她付的車錢。

〈恐怖夜車〉這個鬼故事版本相當重要，它跟美國一九三〇年代都市傳說「消失的搭車客」十分相像，在故事的最後，都由女子親人告訴司機「女子已經去世」。但是後來的「辛亥隧道搭車女鬼」的傳說中，卻不常出現這樣的結尾，反而是「發現女子付的車資變成了冥紙」的結局成了主流。透過〈恐怖夜車〉，我們可以一瞥這個故事模式的演變軌跡。

除此之外，〈恐怖夜車〉司機提到「辛亥隧道鬧鬼傳說很多」，說明這時辛亥隧道已存在不少鬼故事。六年後的一九九五年十月，《聯合晚報》一篇報導提到了辛亥隧道的眾

深夜的辛亥隧道前，第二殯儀館門口仍有等著載客的計程車。

多鬼故事：「有進到隧道走不出來的，有載到突然消失的乘客，有莫名其妙車子失控的，也有以爲看到隧道結果撞入民宅車毀人傷的。」其中「乘客會消失」，指的應該就是「搭車女鬼」的傳說。這表示那時「消失」要素已經成了「辛亥隧道搭車女鬼」的核心，所以傳說才會被如此概括。這也可以說明，爲什麼後來的許多鬼笑話都拿「消失」情節開玩笑。

「辛亥隧道搭車女鬼」在一九九〇年代廣泛流傳，過了幾年，大家也膩了。到了一九九九、二〇〇〇年，可以看到改編自「載到白衣女鬼」的笑話正在流傳。起初流傳的鬼笑話有兩種，一個是前面所提的「我生前很喜歡吃……」的文字遊戲版本，另一種版本則涉及「消失」的要素。**由於這些笑話是對於原有鬼故事的翻轉，因此鬼笑話分成兩部分，前半部分是誤導用的典型情節，後半部分才是出乎意料的趣味結局**。換言之，笑話翻轉之前的部分，就是現有老梗鬼故事的模樣。例如這則《聯合報》二〇〇〇年六月轉錄的電子郵件笑話：

計程車司機在十三號星期五的午夜，載著長髮白衣的女子到第二殯儀館，正要回頭找錢時，赫然發現剛開門的女孩不見了。

三秒後，終於有個濕淋淋的女子站起來，「輸機先生，啊你嘛『搬搬忙』，誰叫你把車子停在水溝旁邊！」

前半部分「司機載長髮白衣的女子，回頭時發現女子消失」是典型的恐怖情境，後半部分「女子消失是因爲掉下水溝」則是具意外性的趣味結局。**也就是說，這段笑話意味著大眾已經普遍認識到「司機載長髮白衣的女子，回頭時發現女子消失」是恐怖情節**。

另一個變體雖然不在辛亥隧道，但卻跟「女子掉進水溝」的笑話十分相似。那是二〇〇三年以後，網路上流傳的一段侯文詠寫的鬼笑話。某駕駛在夜晚開車經過北宜公路，發現有一個穿白衣、抱嬰兒的長髮女孩子對著汽車招手。駕駛讓女人上了車，車門關上後，駕駛死命往前開，繞出山區之後他才敢回頭看，這時發現車座上沒有女人，只有嬰兒。駕駛把嬰兒帶到警察局去報案，不斷思考遇到鬼的原因，後來他再度打去警察局關切，才知道原來那名母親把孩子放上車後回頭拿行李，還沒上車，駕駛就把車子開走了。

這一段北宜公路鬼笑話描繪的靈異情境是類似的：**駕駛夜半遇到招車的白衣長髮女子，後來才發現她從車上消失了**。

這一類笑話很多，其餘還有「計程車司機夜半載女子經過辛亥隧道，猛煞車後回頭，發現女子滿臉是血。這時女子才說，是她挖鼻孔遇上緊急煞車而流鼻血」的笑話。**儘管靈異故事似乎因為太老梗而徹底變成笑話，但前半部分的靈異感，依然藉著這些鬼笑話持續為人所知，也算是另一種流傳方式吧**。

畢竟「載到消失的乘客」傳說，已經在全世界流傳了很久。

辛亥隧道搭車女鬼＝美國都市傳說「消失的搭車客」？

都市傳說研究奠基者布魯范德，他最有名的《消失的搭車客》一書，書名便源自搭車客傳說。這個傳說從一九三〇年代就開始在美國流傳，除了美國以外，韓國、俄國、英國也都有流傳。這個傳說有許多不同的版本，但幾乎都包括以下情節：

1. 駕駛開車遇見搭便車的女子。
2. 女子上車，坐到後座。
3. 到達目的地之後，駕駛轉頭，發現女子已經消失。
4. 結尾驗證女子是死者。（例如駕駛到女子家後，女子的家人給駕駛看照片，並說「她已經死了」）

把「辛亥隧道搭車女鬼」和「消失的搭車客」一比較，很快就可以發現，前者就是臺灣版「消失的搭車客」。雖然因爲「辛亥隧道搭車女鬼」充滿了白衣長髮、冥紙等在地化細節，讓人難以想到它居然是世界性的都市傳說。不過「辛亥隧道搭車女鬼」和「消失的搭車客」共享許多關鍵性的情節，包括「女子上車之後坐後座」和「駕駛轉頭之後才發現乘客消失」。這些情節再加上司馬中原〈恐怖夜車〉裡「女子家人驗證女子去世」的結局（這個結尾跟美國「消失的搭車客」根本一模一樣！），臺灣可說集齊了「消失的搭車客」的所有要素。

除此之外，「辛亥隧道搭車女鬼」的傳說，或許還殘存了一個顯示它可能是外來種的細節：在二〇〇一年後網路上一篇細數臺灣各大鬧鬼地點的文章中，提到辛亥隧道的靈異是：「一個孤單的白衣女子常在隧道邊等待著一個開/騎車經過的人搭便車……」

在美國，「消失的搭車客」的乘客有些是搭便車的乘客、有些是付費乘客。由於美國有「搭便車」的傳統，因此搭便車的乘客不少。**但是在臺灣，「消失的搭車客」多數是計程車司機遇上的付費乘客，這應該和臺灣「搭便車」風氣不盛有關**。也是因爲臺灣的「消失的搭車客」故事多半是付費乘客，因此「驗證女子是死者」的方式，時常是「計程車司機發現收到冥紙」。

不過在搭便車風氣並不盛的臺灣，鬼故事爲什麼要特別提醒大家，白衣女子是要「搭便車」？如果眞的是源自在地的傳說，會需要使用臺灣人相對不熟悉的「搭便車」元素嗎？這很可能表示，**臺灣的搭車客傳說，原本就是從國外傳入的**。

「消失的搭車客」靈異，是因爲汽車空間令人不安

爲什麼會出現「消失的搭車客」這樣的傳說呢？「**消失的搭車客」是關於汽車與道路的靈異傳說。根據法國都市傳說研究者荷納在《都市傳奇》一書中的解釋，這是因為道路是人們遭遇到陌生人的地點。因為是陌生人，人們不清楚他們的來歷，他們就有可能是任何一種人——是殺手、預言家，或是鬼魂**。

除此之外，「駕駛轉頭後發現乘客消失」的情節，也透露了人們對於汽車空間的感覺。「消失搭車客」傳說歷史很長，有趣的是，**這個汽車傳說，幾乎在汽車普及之後**

不久就誕生了。二十世紀的頭幾年，福特製造出可以量產的汽車，到了一九三七年，汽車已經十分普及，平均四個美國人就擁有一輛汽車。**正是在一九三〇年代，「消失的搭車客」傳說在美國廣泛流傳。這個傳說，反映了人們對於初進入生活的「汽車」的陌生感**。

「駕駛轉頭後發現乘客消失」的情節之所以會出現，這是因爲駕駛座位在前方，而乘客常坐在後方。駕駛難以時時注意後方，要看清楚乘客，則必須回頭。仔細想想，「**陌生乘客進入車上這個私密空間，和自己共處一室，但卻坐在自己無法直接看到的後座」本身就是一個令人不安的情境，而這種不安感正是汽車的空間所導致的**。因此，「消失的搭車客」這個汽車靈異故事的高潮，才會是「駕駛轉頭回去看、解除懸疑狀態」的一刻。

「辛亥隧道搭車女鬼」——關於辛亥隧道的恐怖故事

除此之外，「**消失的搭車客」故事在臺灣，之所以和辛亥隧道有這麼深的關聯，與辛亥隧道本身給人的恐懼有關**。由於「辛亥隧道搭車女鬼」流行時，汽車已經進入我們的生活很長一段時間了，**因此「辛亥隧道搭車女鬼」隱含的恐懼，很可能並非對汽車的恐懼，而是對於「辛亥隧道」這個地點的恐懼。**

辛亥隧道爲什麼令人害怕呢？多數人都會提到，這是因爲辛亥隧道其中一端是第二殯儀館，殯儀館對面則是福州山墳場。福州山曾是臺北市最大的亂葬崗，雖然墳墓在一九九七年在陳水扁擔任市長任內被遷走，但據說在遷走之前，只要經過辛亥隧道，抬頭就會見到密度極高的墳。就是因此導致人心惶惶。

除此之外，辛亥隧道之所以讓人害怕，也和辛亥隧道的位置，與本身設計有關。一九九五年《聯合晚報》〈道內燈光昏黃，隧道口有殯儀館，隧道上方是公墓〉一文分析了幾個辛亥隧道有鬼故事的原因：由於大安跟文山兩區天氣差距大，以及辛亥隧道的黃光照明，都容易使人產生幻覺。一九九四年八月《經濟日報》的報導也引述汽車雜誌，提醒駕駛要注意常發車禍的辛亥隧道路段：「筆直的隧道卻配上兩頭的急彎道出口，而且都是『奇蹟式』的輕微下坡，不熟悉路況的人駕車時，若速度太快，在出口時就會非常危險。」

也就是說，**辛亥隧道周邊的鬼氣森森，以及空間的特殊，讓它成了讓人不安的鬼域。正是在這樣的地方，白衣女子攔車才會是靈異故事的開端。**

三一一大地震之後出現的搭車客——來自計程車司機的靈異故事

傳說中的搭車女鬼不只出現在辛亥隧道附近，還會出現於北宜公路與各處墳場。除此之外，還有一個搭車鬼魂會出現的時機，就是災難發生之後。

災難發生後常伴隨著流言。由於災難導致人心惶惶，突然發生的大量傷亡，也令大眾難以接受。**這種悲傷與震驚會創造鬼故事與都市傳說。而有時，現有的都市傳說如「消失的搭車客」，就會在這時成為這些災難傳聞的一部分。**

二〇一一年三月十一日，日本發生了東北大地震。這場地震是近年來日本傷亡最嚴重的自然災害，罹難者約一萬六千人，行蹤不明者兩千人。災害發生之後一段時間，居然有計程車司機說，他們載到了鬼乘客。東北大學學生工藤優花，畢業論文研究宮城縣石卷市的這些怪談。她在一百名計程車司機中，訪問到七位曾有載過幽靈乘客的經驗，其中四位提供了證言。

1

在震災後的數個月，一名司機於石卷車站附近載到一名三十幾歲的年輕女子。年輕女子身著大衣，告訴司機，她要去「南濱」。司機感到奇怪，告訴年輕女子說：「那裡已經什麼都沒有了喔，眞的要去嗎？爲什麼要去南濱？穿著大衣不熱嗎？」

年輕女子聽聞後，顫抖地說：「什麼，難道我已經死了嗎？」

計程車司機轉身，才發現後座的女人已經消失了。

2

其他計程車司機，在夏天深夜載到一個穿著大衣、圍圍巾的小學女孩。小學女孩到家後，說著「謝謝司機叔叔」就消失了。但司機先生在對方下車時，確實觸碰到了她的手。

3

還有一位司機在炎熱的夏天，載到穿著厚重大衣的二十多歲青年。抵達目的地時，司機轉頭告訴對方，卻發現乘客已經消失了。

這大抵就是證言的全部內容。三一一地震後出現的「消失的搭車客」，和布魯范德所記載的傳說有關鍵的相似：**乘客同樣坐在後座，在抵達目的地、司機轉頭之時消失**。此外，「消失的搭車客」主題之一是「英年早逝的年輕人」，那些企圖回家的女子總是年輕，而這些三一一地震的靈異見聞裡，主角也都是年輕人。這是人們哀悼這些「不該逝去的年輕人」的方式：讓他們成爲傳說中依然想回家的主角。

雖然三一一地震後的「消失的搭車客」，按理屬於靈異經驗的範疇，而非傳說，畢竟對於計程車司機而言，那都是親身經歷。**但是已存在的都市傳說，也必然參與建構了人們的想像**，這些靈異經驗談是在人們已經熟悉「消失的搭車客」的前提之下出現的。**無論這些鬼故事是否屬實，必然都參考或借用了都市傳說的敘事架構，因此兩者才會這麼相像**。

但是「消失的搭車客」在這時出現，對於日本來說仍有重要的意義。工藤優花的怪談研究，得到了媒體的強烈關注，那些計程車司機的靈異故事，也因此流傳開來——**對於經歷國難的日本人來說，傳播、記憶這樣的靈異故事，理解到「罹難者們只是想回家」，或許是一種療傷的方式吧**。

臺灣空難、地震後出現的幽靈乘客們

臺灣在大園空難之後，也曾出現和「消失的搭車客」相似的故事。靈異節目《鬼話連篇》一九九九年第四集製作了大園空難的專題，廣播節目主持人轉述聽眾 call in 的靈異故事：在大園空難發生後不久，計程車司機在附近載到一位母親與兩個小孩，他們說想要回臺北，由於車程很長，司機先生記得了他們的長相。隔天，在報紙上面，他看到大園空難的罹難者中，有這一家人的照片。而計程車司機收到的錢，也消失了。

這個傳說並沒有「乘客消失」的細節，但是「鬼魂坐上計程車」的框架仍是一樣的。除了大園空難以外，「鬼乘客」也曾出現在二〇一六年大地震後，倒塌的臺南維冠大樓附近。臺南維冠大樓的倒塌，是臺灣單一建築物倒塌事件中，死傷最慘重的，有一百一十五人在這次事件中罹難。而地震一個月後的報導說：由於當地傳出了不少靈異傳聞，店家因此飽受影響。過去生意興隆的街道，如今入夜後卻變得人煙稀少。傳聞包括聽到小孩哭聲、收到金紙，以及「有人」在招計程車。

災難後徘徊於暗夜的鬼乘客們，只是想要回家

新聞對於「有人在招計程車」的傳說內容並未多作著墨，但我們可以想像，或許又是另一個「鬼乘客招車回家」的故事。**很奇妙的是，在這些災難後興起的怪談中，「回家」的主題相當明確**。在美國的「消失的搭車客」傳說中也是如此，那些鬼魂攔車，都是爲了回家。有些版本的故事結尾，鬼魂的親人還會說：「你是第七個載到她的人，但是她從未回到家」。但「回家」的主題常消失於臺灣的搭車客傳說。

這或許是因爲「消失的搭車客」故事已經牢牢鑲嵌進了辛亥隧道，因此與故事中女鬼相關的地方並非家，而是墳場或殯儀館。**但在災難後的版本中，一度失去的「回家」主題，傳奇性地復活了**。**這或許是一種想像性的慰靈：透過想像罹難者們「回家」，那些不該殞命之人彷彿能真的回家、真的得到安息**。

不安的空間

小心，愛滋針頭就在你身邊！

愛滋針都市傳說

一個發生在一位朋友妹妹身上的事

大家都知道西門町幸福百貨裡有一個娜娜鬼屋，這個十七歲的妹妹，某一日與同學一起去娜娜鬼屋玩，就在走出出口後，同學發現她的手臂上有張小紙條，寫著：「恭喜妳得到愛滋病！」仔細一瞧，赫然發現手臂上有一個小針孔。

隨即同學便陪同她至醫院檢驗。醫生已證實她得到愛滋病，現在她已經沒去上學了都在醫院做治療。

請愛好刺激的朋友到見得光的地方找刺激。

請各位網友用力轉貼！以防再有人遭到不測！

改打卡式或IC卡電話

在此「再次」提醒大家小心退幣口，不只是公用電話的。據聞一些吸毒者會將用過的針頭放在公用電話的退幣口；一般人打完電話後，習慣以手指頭去探取退幣口是否有零錢，此舉很容易被針頭扎到，而感染愛滋病毒或其他病毒。

此訊息由中華電信員工告知，非馬路消息，請各位多注意防範並告知家人親友。

看電影時請注意！

最近有些傢伙在電影院的椅子上留有針頭，讓看電影的人一坐下去後就被刺到，據說那些針頭上可能殘留愛滋病毒或者B型肝炎，所以請大家小心，看電影時應多留意坐下的位置是否放有異物，以免自己受到傷害。

目前已傳出有人因此感染病毒，請大家千萬多加小心！（記者徐千惠整理）

——二〇〇二年開始流傳的某篇帖子〈犯罪實錄總動員〉，其中三段

「最近有人在臺中一中街或是逢甲等地方出沒，拿著愛滋的針頭四處刺人，相信大家也都知道，麻煩傳下去通知不知道的朋友，以免有下一個人受害。慈明學校已經有人受害了，是一年忠班的同學，他已經感染愛滋病了，希望他在剩下的日子裡能過得快樂，大家為他多祈禱吧，據說注射愛滋病真的是就讀國立中學的兩名女子，請大家在臺中時多加留意小心。」

——二〇〇九年，臺中學生之間流傳的傳言

想像一個情境：

你身在人群之中，感覺到身上好像被扎了一下，產生些微的刺痛。你再低頭一看，手臂上滲出了血，血底下有一個細孔。

你可能還會發現更多東西。比如一張貼在你身上的紙條，上面寫著：「恭喜您已被愛滋病毒感染。」你開始感到恐慌，焦慮地要去醫院抽驗。

但是等等，這個「你」身在哪裡？

「你」在西門町、花園夜市、瑞豐夜市，還是在一中街或逢甲？

「你」身在漆黑的電影院裡，或者「你」剛剛才碰了公共電話的退幣孔？

如果你感到熟悉，那代表你聽過「愛滋針頭扎人」的傳聞。

它並不是眞的，它是一則「都市傳說」。

被針頭扎到，並不會因此感染愛滋

實際上，因針扎而感染愛滋的機率極低。根據衛福部疾病管制署的解釋，被愛滋針頭扎到，並不容易得愛滋，原因包括：

愛滋病毒無法在針頭上存活很久，幾乎不會造成感染；而像醫護人員工作時不小心被針扎而碰到愛滋的血液或體液感染的機率也低於0.23%，而且只要在七十二小時之內接受預防性投藥，就可以阻斷病毒在體內繁殖與感染。

一般來說，愛滋病毒離開人體後會在三分鐘內死亡。即使被針扎到，感染機率也只有微乎其微的千分之三。到目前爲止，臺灣沒有人因爲針扎而感染愛滋，即便是醫護人員也沒有。

那爲什麼「愛滋針頭扎人」的傳言從未中斷呢？

愛滋病被視爲「二十世紀黑死病」，自從它被發現以來，已奪走超過三千萬人的性命，使全世界陷入恐慌。即使一九九五年後由於「雞尾酒療法」的使用，愛滋病已不再是絕症，「愛滋」依然尚未去污名化。關於愛滋，存在許多迷思，例如「和感染者吃飯會被傳染」、「接吻、被咬會被傳染」、「共同生活會被傳染」等。近幾年更有人傳說，「臺灣要是通過同性婚姻，國外的愛滋感染者將會透過結婚，享用臺灣健保」……恐懼創造了無數的誤會與謠言，「愛滋針頭扎人」也只是其中之一。只是它的情境更隨機、更無可迴避。即便你知道了這傳言，你擔心，你也無從預防起。

因此，更令人恐懼。

但是，這種「擔心被愛滋針扎」的恐懼，在臺灣已經存在超過二十年了。甚至早在一九九八年美國流傳「愛滋針筒扎人」的傳聞之前，臺灣民眾就已經開始擔心了。這要從一九九二年說起。

「愛滋針筒扎人」傳聞的三個時間點

我們大抵可以列出三個時間點，作爲「愛滋針筒扎人」傳聞的關鍵時段。

1. 一九九二年。這是傳聞出現的最早時間點，事發地點在西門町。從此之後，「愛滋針頭扎人」謠言就在西門町縈繞不去。
2. 二〇〇〇年。這年，有一名少女在西門町被針扎。此時前後，西門町「娜娜鬼屋」是「愛滋針頭扎人」傳說的熱門地點。
3. 二〇〇八年。這年春天到冬天，臺南、高雄、臺中陸續傳出「愛滋針頭扎人」消息，都在這些城市的夜市或商圈。

謠言的前身又是艷遇——美國的「愛滋瑪麗」與「愛滋哈利」

臺灣的「愛滋針頭扎人」傳聞始於一九九二年。但在此之前，它曾有過前身。這類謠言被稱爲「愛滋瑪麗」（AIDS Mary）或「愛滋哈利」（AIDS Harry）。「愛滋瑪麗」盛行於一九八〇年代的美國，它的架構和「盜腎傳說」十分相像：一位男子邂逅了一位美麗的女子，兩人共度美妙的夜晚。隔天早上，男子發現女子在牆上或鏡子上留下了一行字：「歡迎來到愛滋世界。」

在一九九〇年代流行的「愛滋哈利」中，受害者變成了女性。這名女子到外地度假，邂逅了一名英俊的陌生男子，兩人共度了幾天。在回程的飛機上，女子打開男子送給她的禮物，發現了「歡迎來到愛滋世界」的字條。

「愛滋哈利」裡「歡迎來到愛滋世界」的紙條，被保存到了「愛滋針頭扎人」的傳說裡，成爲後者的關鍵情節。

這變形是在什麼時候發生的？

臺灣的愛滋謠言可能比美國早？

根據英文闢謠網站 Snopes 的考察，英文版「愛滋針頭扎人」傳說是在一九九八年，開始透過電子郵件在美國大規模流行[1]。其典型情境是，幾個大學女生去看電影，電影途中其中一位女生因爲感到刺痛而抓了癢，電影結束後，她的同伴發現了她身上有「歡迎來到愛滋世界」的標籤。數週後，她被驗出感染 HIV 病毒。

但一九九八年並不是「愛滋針頭扎人」傳說最早出現的年份，因爲臺灣在一九九二年就有過如下的新聞：

一九九二年四月，輔仁大學校門出現了一張告示，提醒學生們經過西門町時須小心。而之所以會有這則告示，是因爲西門町已出現國中女生持針的傳聞。輔仁的學生社團因此想貼告示，提醒校內學生。

四月十三日的《聯合報》提到，「（輔仁）校方連日來接獲助教、學生等報告，指在

1 網站網址 https://www.snopes.com/fact-check/hiv-infected-needle-attacks/

西門町獅子林一帶，有不少複印的傳單張貼在牆上，內容以『警告』的口氣要路人小心一名國中年紀的女生，她因感染愛滋病，心態不平衡，持一支有病源的針筒在路上趁人不備時亂戳。」

但衛生署隨即回應：國內愛滋病帶原者沒有國中女生。「國內十至十九歲的十七名愛滋病帶原者，全部爲男性。」

從這起謠言事件，可以看出兩個弔詭之處：

一、臺灣出現謠言的時間太早

臺灣「愛滋針頭扎人」的謠言竟早於美國六年，這並不合理。當時美國有十九萬愛滋病人，被視爲「可以預防愛滋」的保險套在美國狂銷。但對臺灣來說，「愛滋病」是外來疾病。一九八六年，臺灣才出現第一起本國人感染案例，至一九九二年四月時，全臺灣只有二百九十六名感染者。和美國相比，臺灣並沒有更適合誕生謠言的土壤。有可能是國外謠言傳至臺灣，被人印成傳單在西門町散播。

那臺灣就有散布謠言的土壤嗎？

從當年的恐慌看來是有的。這應是和臺灣的新聞環境有關。雖然臺灣愛滋感染情形在世界各國中並不嚴重，但新聞媒體卻時常談到愛滋。每出現一位感染者，都會有新聞報導。**因此臺灣的保險套銷量雖然沒有太大起色，但販售愛滋恐懼的謠言，卻相當「暢銷」**。

二、凶手會是「國中女生」嗎？

既然臺灣的年輕感染者全都爲男性，爲什麼傳言中卻是「國中女生」帶針扎人呢？

不只此時，臺灣的感染者一直都以男性爲主。**但是傳言中卻總是出現女性：加害者是女性、受害者也是女性。這是傳言的重要弔詭。而往後你將看到，這一弔詭會一再出現，**

彷彿「愛滋」和「年輕女性」總是脫不了關係。

在這之後的一九九〇年代，臺灣陸續出現了「公共電話有愛滋針頭」、「電影院有愛滋針頭」的傳言，一九九八年中華電信甚至為了傳言清查了全臺六萬部公共電話，電影院也加強了清場檢查[1]。但當然，都是一無所獲。

到了二〇〇〇年，事情有了轉變。

噩夢成真——當傳言變成了新聞事件

二〇〇〇年四月一日《聯合報》報導：

「一名十七歲少女日前在臺北市搭公車下車後，被不明人士扎針，而且身上被貼上『恭喜您已被愛滋病毒感染』標籤。衛生署疾病管制局表示，最快二十天以後就可以知道該名少女是否被感染。……疾病管制局表示，類似案件在網路上流傳很多，但這名案例是

> 首次有醫師向疾病管制局正式提出報告。過去在網路上流傳的類似案例，多數地點在西門町鬧區，包括性病防治所附近，和最近新開幕的一家遊樂場所。」

另一篇報導裡，則增添了更多細節：少女是和同學在西門町逛街時被刺中；她一開始不以爲意，甚至抓了上臂一下；最後由她的同學發現那張關鍵的「恭喜您已被愛滋病毒感染」標籤。這些細節使這則新聞事件和一九九八年美國流傳的「愛滋針頭扎針」謠言十分相像。

二〇〇〇年的新聞事件，簡直是一九九八流行謠言的翻版。

只是，這次是眞的。

流言從一九九二年開始，傳了這麼久，第一次出現實際的受害者，事發地點還剛好在西門町，所有的捕風捉影都有了實體。雖然少女事後的驗血結果，顯示她並未受感染，但這起事件還是引起了巨大恐慌。多年以後，網路上又傳出有人在西門町被針扎。這起新聞

---

1 新聞報導網址 http://news.cts.com.tw/cts/general/199901/199901280024045.html

報導重提了二〇〇〇年少女被針扎的事件。已經過了十二年，事件並沒有被完全忘記。又或者，「西門町少女被針扎」事件的後續，廣泛到已經溢出了新聞層次。它「可能」被以另一種形式保存下來，並且，變了形。

新聞的變形？少女在鬼屋被針扎

出現了另一名在西門町被針扎的少女。

這名少女並不眞實存在，「她」存在於謠言之中。（見文章開頭所附的第一個版本第一則）

其實在這則謠言出現以前，「娜娜鬼屋」就有「愛滋針頭扎人」的傳言。二〇〇〇年的新聞報導中提到「幾處網路上流傳被愛滋針頭扎的地點」，就包括西門町「最近新開幕的一家遊樂場所」，那應該就是「娜娜鬼屋」。可是，這一版本謠言的出現，很可能是受二〇〇〇年的新聞所影響。

這位「娜娜鬼屋」少女的故事，和二〇〇〇年被針扎的那名少女非常相像：兩人同樣在同學陪同下去西門町玩樂、同樣由同學發現了她身上的那張紙條，而且最關鍵地，同樣十七歲。

令人害怕的鬼屋 + 令人害怕的黑暗 = 令人害怕的針頭

這會是二〇〇〇年「西門町少女被針扎」新聞的變形版本嗎？謠言借用了新聞中「十七歲少女」的形象，並將地點移到同樣位在西門町的「娜娜鬼屋」。這一轉移加入了其他恐懼的要素：「黑暗」和「鬼屋」。

「娜娜鬼屋」是什麼呢？它的名字來源於二〇〇〇年上映的泰國鬼片《幽魂娜娜》。當時全臺灣有不少娛樂型的「鬼屋」，經過靈異大熱的一九九〇年代，此時的「鬼屋」自然大受歡迎。另外一個在臺灣各地巡迴展出的「娜娜鬼屋」（因爲電影的緣故，「娜娜鬼屋」成了鬼屋界的菜市場名），就意外搭上這熱潮。巡迴版「娜娜鬼屋」一開始只是作爲電影《幽魂娜娜》的宣傳而登場，沒想到太受歡迎，一路從高雄展到基隆，共展了四年。可以透過巡迴版「娜娜鬼屋」的熱度，想像西門町的「娜娜鬼屋」會有多受歡迎。

但受歡迎的鬼屋也受謠言所苦。傳聞其中一名員工會在黑暗中用愛滋針筒扎人。也有傳言說，是因爲娜娜鬼屋太受歡迎了，引起周遭店家不滿，因此才造謠毀謗。

娜娜鬼屋曾一度歇業，於二〇〇二年重新開幕，歇業原因可能和流言有關。多年以後，「娜娜鬼屋」已經被世人所遺忘。偶有人提起，也常常是在討論「愛滋針頭扎人」的傳聞時。看來即便是多年後，它也難脫和謠言相伴的命運。

娜娜鬼屋會淪爲「愛滋針頭扎人」的傳聞地點，應該和它自身的性質有關。「鬼屋」的形象和「恐懼」密不可分，它內部又是如此黑暗。**讓人不禁想像：潛伏在黑暗中的，除了假造的妖魔鬼怪以外，會不會有真實的危險？**

黑暗令人恐懼。這就是爲什麼「愛滋針頭扎人」的另一個常見場景，是黑漆漆的電影院。這也是爲什麼，謠言會特別強調「請愛好刺激的朋友，到見得光的地方找刺激」。

這則「娜娜鬼屋愛滋針頭」的謠言版本曾經廣爲流行，以致於現在還能在網路上找到不少文字備份。它之所以流行，是因爲它被附在一篇名爲「犯罪實錄總動員」的文章中。

該文曾經是郵件轉發的熱門內容，文中列舉各種社會亂象，包括填問卷被下藥、計程車司機強暴女性乘客等，連「愛滋針頭扎人」的傳聞類型都十分齊全：打電話要小心、去電影院要小心、去西門町鬼屋要小心。這篇文章流行於二〇〇二年，流行到引起了臺北市議員的重視，這名議員還特別打電話給警察局，確認臺北市內是否有相關情形。警方回應，並沒有接獲報案。

該文許多案例的受害者都是女性，因此文章特別要求女性注意「人身安全」。

眞巧，傳聞被針扎中的也是「朋友的妹妹」，是個女生。這兩者會不會有關呢？

到了二〇〇八年，「愛滋針頭扎人」的傳言又掀起了新一波熱潮。這次，傳言一次襲擊了全臺三處：臺南花園夜市、高雄瑞豐夜市、臺中一中街及逢甲。

又很巧地，女性在傳聞中又以加害者或受害者的身分出現了。

入夜後的夜市——又是黑暗之中，不可知的危險

二〇〇八年，至少有三個地方的人們都在擔心愛滋針頭。

二〇〇八年四月，是被稱爲「天下第一夜市」的臺南花園夜市。傳說有兩名年輕人逛了臺南花園夜市，卻被愛滋針扎而感染愛滋。這則「事件」馬上成爲BBS、部落格、討論

區的討論話題，但經過一個月，都未找到實際受害者，證明這又是一場虛驚。

二〇〇八年六月，換成了高雄的瑞豐夜市。傳說瑞豐夜市出現一名專門以愛滋針筒刺傷女子的怪客，且已有四名女子受害。實際上，雖有兩位女性至疾管處要求驗血，但並未感染。

二〇〇八年十二月，這回擔心的是臺中的年輕人們。各大論壇上，這些高中職、大專學生們在問：到底是不是眞的？

他們可能收到這樣的訊息：

「最近有人在臺中一中街或是逢甲的地方出沒，拿著愛滋的針頭四處刺人，相信大家也都知道，麻煩傳下去通知不知道的朋友，以免有下一個人受害。慈明學校已經有人受害了，是一年忠班的同學，他已經感染愛滋病了，希望他在剩下的日子裡能過得快樂，大家爲他多祈禱吧。據說注射愛滋病的人，眞的是就讀國立中學的兩名女子，請大家在臺中時多加留意小心。」

討論區上稱此謠言「傳得轟轟烈烈」，不少學生提到自己就讀的學校甚至貼公告或發傳單，向學生澄清此事只是謠傳，警察局並未接到報案。由此可以知道「一中街愛滋針頭扎人」的傳聞鬧得有多兇。

至此，曾傳出「愛滋針頭扎人」的地點，算是盤點過一輪了。這些地方的共通點是什麼呢？你或許已經察覺到了。

愛滋針頭出現在哪裡，就表示「那些地點很可怕」

在英文版的「愛滋針頭扎人」傳言中，發生的地點總是電影院。在電影院裡，人們被迫與許多陌生人一起，近乎肩並肩地坐在黑暗中一至兩小時。這足以引發焦慮。但是在臺灣，傳說所指向的不只電影院，還包括鬼屋、夜市、商圈。傳言指向的地點，就是傳言最重要的主題。

這些地點都有一個共通性，就是快速流動的人群。

身處在人潮快速流動的空間裡，其實是很危險的一件事：那麼多人經過你身邊，你不知道有誰是惡意的，或許剛剛無意間撞了你一下的，就存著險惡之心。但你不知道。當你知道時，他已經消失得無影無蹤了。

這種恐懼是現代都市裡特有的。因爲都市的出現，人被迫要與許多陌生人處在同一個空間。但大多數的時候，人們當作危險不存在，因爲都市裡乾淨、明亮，沒有光照不到的死角。

因此像西門町、一中街這種看似充滿「死角」的地方，就令人特別感到危險。「愛滋針頭扎人」的傳聞不會出現在明亮的百貨公司，但卻可能出現在西門町。

可是其實除了「充滿死角」以外，傳言出現在西門町還有其他理由。

愛滋針頭傳說隱藏的族群——女性、同志和感染者

「愛滋針頭扎人」傳言最重要的主題，是「對於人潮快速流動地點的恐懼」。但除此之外，它還有另外一個面向的主題，是對於特定族群的「關心」與「歧視」。這是在顯而

易見的主題之下，隱藏的密碼。

這三個族群分別是女性、同志和感染者。

愛滋傳說中的女性——要是不純潔，就不值得同情

二○○八年，臺中傳說一中街和逢甲有扎針怪客出現時，他們是這麼討論的：

1. 加害者是兩位年輕女學生，而且是「正妹」。也有人認爲是受強暴而感染愛滋的女學生。
2. 有一說，加害者的目標是「情侶，正妹，制服女，短裙女」。

「女性」的主題，總是存在於「愛滋針頭扎人」的傳聞中。傳聞從來沒有一次，強調加害者或受害者是男性。但傳聞中的加害者（例如一九九二年的「國中女生」、二○○八年臺中的「國立中學女子」）或受害者（二○○一年娜娜鬼屋的「十七歲少女」），乃至可能的受害者（二○○八年臺中版加害者目標是正妹與短裙女），卻總是女性。

爲什麼都是女性？「愛滋」跟女性的關聯有這麼密切嗎？

事實正好相反。

根據衛福部的統計，至二〇一四年爲止，臺灣的愛滋感染者以男性爲主（占93.7%），女性只占6.3%，男女性別比達15:1。也就是說，每十六名感染者中只有一名女性，感染者絕大多數是男性。

既然如此，爲什麼在傳言中，出現的總是女性呢？女性並沒有比較容易感染愛滋啊？

那是因為，「愛滋針頭扎人」傳言最重要的主題，並不是「愛滋」，而是「空間的危險性」。女性並非「比較容易感染愛滋」的族群，但卻是「比較可能在這類空間遭遇危險的族群。所以，傳言中的「受害者」，才總是女性。

除此之外，女性作爲「加害者」，隱藏的是另一種訊息。

傳言中的「加害者」，包括一九九二年西門町的「國中女生」，和二〇〇八年臺中的「國立中學女子」。西門町的「國中女生」資訊很少，但臺中的「國立中學女子」卻有不少訊息：傳說她是因爲「被感染者強暴」而感染愛滋，也有形容她「被男生亂搞」。簡言之，「她」都是因爲性（無論是自願或非自願的性）而感染愛滋。

臺灣舊有的媒體風氣，將兩類人同樣視爲無辜的愛滋感染者：一是男性嫖客，一是因合法丈夫而感染的女性。換言之，女性只要不是在婚姻內感染，她就不是無辜的。

因此，感染愛滋的少女並不是大眾同情的對象，因爲她未能擁有符合期待的「貞潔」。既然如此，那麼這類少女在傳言中以「加害者」的形象出現，並無矛盾之處——「愛滋少女」與「加害者」的共通之處是，「不值得同情的悲劇人物」。

被刻意忽略的男同志，依然傳達了「男同志很危險」的訊息

「愛滋針頭扎人」傳聞涉及的另一個族群，可能是男同志。

之所以說「可能是」，是因爲「同志」的訊息在傳言中並不明顯。其實，談論愛滋而不提到男同志，是相當奇怪的一件事。若檢閱新聞，會發現在一九九〇年代，那個每出現一位感染者就要報導的時期，常強調感染者的感染途徑是「同性戀性行爲」，或是「異性戀性行爲」。二〇〇八年，疾管局還鎖定各同志場所進行匿篩，顯然過度意識到同志與愛滋間的聯繫。

可是在這種風氣中，「愛滋針頭扎人」的傳聞全然不提及男同志，才很弔詭。

或許是因為，在彼時「同性戀」不可說的時代，就連以流言的方式談及同志，都嫌張揚。但「同志」的訊息並未隱沒，它隱身於「西門町」這個傳說目標地之後。這可能就是為什麼，「愛滋針頭扎人」的傳言總離不開西門町。

一九九〇年代的西門町被描述爲充滿男同志和愛滋病的地方。例如一九九二年一月七日的《聯合晚報》報導：

> 「某些位於臺北西門町、北門圓環、萬華及板橋等地附近的戲院，已逐漸成爲男同性戀者的聚集地，也成爲散播愛滋病的高危險場所。這些戲院有個共同特色，就是終年到頭都上演些二輪或冷門電影，平常生意不好，因此，最近逐漸被有『特別嗜好』的男同性戀者看中，成雙成對地出入其中。」

同樣在一九九〇年代，網路上盛傳「西門町的戲院座位曾經有被放置愛滋病針頭的惡劣行爲」。因爲西門町的二輪戲院是男同志聚集之處，而「同志」又和「愛滋」劃上等號，這些二輪戲院便被視爲感染愛滋的危險地點。只是在想像中，**「在二輪戲院感染愛滋的方式」換成了與同志無關的針頭。但它依然傳達了「（同志聚集的）二輪戲院很危險」的訊息，或是，「同志很危險」的訊息。**

愛滋感染者必然心懷仇恨？這種想法其實是一種歧視

第三個「愛滋針頭扎人」傳言談及的族群，是愛滋感染者。從前面的例子已可以看出來，傳言從來不是奠基在「對愛滋的理解」，而是奠基在「對愛滋的誤解」之上。作爲感染者少數的女性頻頻出現於傳言中，傳言卻隻字未及同志。**傳言看待感染者的視角，也戴上了有色眼鏡**。

影響大眾對愛滋認知的重要管道之一是新聞媒體。然而即便到了二〇〇八年，媒體還是常將部分社會新聞當事者「扣上愛滋帽」，因此出現「偷車出車禍，愛滋男被逮」、「破電纜竊案，三賊全染愛滋」、「愛滋毒販搶超商」這類標題[1]。

明明可以說是「毒販搶超商」就好，卻說成是「愛滋毒犯搶超商」，有必要嗎？**這個多餘的「扣帽子」動作，就透露了對愛滋感染者的歧視**。

「愛滋針頭扎人」的傳聞也一樣存在歧視。

1 林宜慧〈二〇〇八年臺灣愛滋新聞報導精要分析〉

傳言中，愛滋感染者「心態不平衡」，會「爲了報復社會」而「持針筒亂刺路人」。感染者即便命運多舛，但並不必然心懷惡意。**傳言卻預設感染者必然想要「報復社會」，這和「愛滋毒販搶超商」這類標題一樣，都認為感染者絕非善類。既然非善類，那麼就很可能主動將其他人推向悲劇。**

眞的會嗎？

感染者正是世界上最了解「感染愛滋有多麼痛苦」的人。而任何一個正常人，都不會願意其他人承受這種痛苦。憑什麼感染者就特別沒有同情心、特別希望別人受害？仔細一想就知道了，這並沒有道理。感染者並非心態偏差的他人，而是和我們一樣的人。若你心中有愛，他心中也不會欠缺。

而「愛滋針頭扎人」——聽完這一串，我想你已經知道它其中隱藏多少歧視、多少錯誤，不只是錯誤地宣傳「被愛滋針頭扎到會感染愛滋」（實際上機率極低），還傳播了對於特定族群的歧視。因此下次聽到傳言時，自然不需要再驚慌了。

長髮女性坐大怒神慘死？
遊樂園恐怖都市傳說

長髮的看過來～小美的同事上個月到六福村，在非假日時大怒神不能玩，而且圍了一大群人。原來是有一個女生死掉了，她頭皮被扯下來，流血過多死的！一旁的男朋友哭得死去活來。

那個女生是長頭髮的，頭髮沒有綁起來亂飄亂飛，居然卡到機器，頭皮扯下血流過多……地點在六福村，地方偏僻，有去過的都知道，根本來不及送醫。我也覺得很納悶，為何新聞沒有播咧？原來六福村花大把的鈔票把此新聞蓋下來！如果這種消息曝光，那我想六福村應該要關門了吧。像我，我就不敢坐大怒神了……所以～長髮女生要多注意喔！

——二〇〇二年後，網路上流傳的電子郵件內容每年暑假是旅遊旺季，應該有不少人會選擇到遊樂園去玩。當你在遊樂園中，望著「自由落體」類型的遊樂設施，是否曾感到害怕呢？或者，你曾一瞬間想起，很久以前聽說過的「長髮女生坐大怒神要小心」的說法嗎？

長髮的看過來～好可怕，遊樂器材竟然會扯下人的頭皮？

「長髮的看過來～小美的同事上個月到六福村，在非假日時大怒神不能玩，而且圍了一大群人。原來是有一個女生死掉了，她頭皮被扯下來，流血過多死的！一旁的男朋友哭得死去活來。那個女生是長頭髮的，頭髮沒有綁起來亂飄亂飛，居然卡到機器，頭皮扯下血流過多……地點在六福村，地方偏僻，有去過的都知道，根本來不及送醫。我也覺得很納悶，為何新聞沒有撥咧？原來六福村花大把的鈔票把此新聞蓋下來！如果這種消息曝光，那我想六福村應該要關門了吧。像我，我就不敢坐大怒神了……所以～長髮女生要多注意喔！」

上述說法的流傳，始於二〇〇二年的十月左右。在那之後，每隔幾年就會有人在PTT或知識加上問：六福村死過人嗎？有女生坐大怒神死掉是真的嗎？

回應的留言裡，有人提到「我同學說他看過影片」、「我高中同學說他坐在隔壁」、「我同學說他姊在現場」。

但實際上，這是假的。

「長髮女生坐大怒神慘死」是都市傳說，並沒有人因爲頭皮被大怒神扯下而死亡。儘管六福村曾發生不少意外事件，但這起並非眞的。

在謠言傳開的十月底，「網路追追追」就曾訪問六福村官方：

「六福村行銷部課長黃倩縈表示，除非遊客的頭髮長度達兩、三公尺，否則的話，不會有頭髮卡到機器的情況發生。黃課長指出，大怒神的背板厚度約八十至一百公分，而背板至機器則還有一大段距離，如果遊客的頭髮長度達兩、三公尺，才有可能會有卡到機器的機率發生，否則，不會有頭髮卡到機器的安全顧慮，所以園區對於乘坐大怒神的長髮遊客，並沒有加以任何安全上的建議或是要求將頭髮綁起或束起。」該年十一月六日，《聯合報》也報導了這則謠言。報導提到最近新竹科學園區所接獲的大量電子郵件，內容是長髮女性頭髮被捲入大怒神慘死的過程。這些竹科人收到謠言後，又收到六福村聲明，由於聲明提到將會依誹謗罪追究刑責，讓不少人意識到轉寄謠言也要負刑事責任。

儘管當下即時止血，但謠言的散布遠比聲明觸及的範圍更廣。後續幾年不時出現的討論，說明了「長髮女生坐大怒神慘死」的故事依然富有吸引力，使人願意相信。這是爲什麼呢？讓大家「選擇相信」的基礎又是什麼？

「長髮女生坐大怒神慘死」是一個精準傳達恐懼的故事

「長髮女生坐大怒神慘死」本身是一個富有張力的故事：本來應該帶給人尖叫與歡樂的遊樂設施，卻帶來了血淋淋的死亡；平常伴隨女生們的平凡無奇的長髮，卻意外因捲入機器成了致死的原因。這些張力，再加上「頭皮被扯下」這個離奇血腥，卻似乎很合理的死亡過程（玩過大怒神的人會很清楚，落下的一瞬間確實有很大的力道），使得聽過或看過這則都市傳說的人，都會對它印象深刻。

除了故事本身以外，它所夾帶的寓意，對於人們而言也相當重要。

「長髮女生坐大怒神慘死」的都市傳說反映了人們的兩種恐懼：**一種是認為「遊樂設施很危險」的恐懼，另一種則是「資本大的遊樂園會控制不利言論」的恐懼。而在遊樂園廣受歡迎的時代，這兩種恐懼都很切身。**

即便故事是假的，但是這兩種恐懼，都是眞的。

它們都曾發生，它們都有跡可循。

遊樂園輝煌時代，人山人海的「三六九」

但在說到遊樂園的黑暗面之前，先來談談遊樂園的光明面吧。

臺灣的整個一九九〇年代，可說是遊樂園的輝煌時期。臺灣的遊樂園有所謂的「三六九」，指的是遊樂園中最具代表性的劍湖山、六福村跟九族文化村。這些主題遊樂園有些開園更早，原本以花園或是動物園為主，但在九〇年代初期（一九八八、一九九二和一九九四）也相繼設立有大型機械遊樂設施的遊樂區。這些大型主題遊樂園成了時代的寵兒，「到遊樂園玩」成了這時最新潮、最熱門的休閒娛樂。

九〇年代的入園人數也創下歷史紀錄。六福村一九九六年有兩百三十萬六千人入園，劍湖山一九九八年也有高達二百二十八萬一千的入園人數。六福村一九九六年的入園人數，至今尚未被超越。在臺灣人口尚未滿兩千三百萬人的一九九六年，每十人中就有一個人在那年去過六福村。而一九九七、一九九八這幾年，遊樂園類的旅遊人次高達一千四百萬，雖然這是包括其他非以機械遊樂器材為主的遊樂園的入園數字（當時臺灣約有四十家遊樂園），但還是可以想見，一九九〇年代末的人們對於主題遊樂園有多麼瘋狂。直到一九九九年的九二一大地震，這股瘋狂的熱潮才稍退一些。

但在人們大舉擁向遊樂園的時代，也是傷亡頻傳的時代。

歡樂時刻裡，遊樂園裡頻頻出現的流血傷亡

一九九二年《聯合報》的一篇報導，提醒大家注意遊樂園的安全性。文中列舉了各種遊樂園的意外，包括桃園蘆竹水上樂園遊客成植物人、八里水上樂園孩童被吸入水道喪命、新高樂園摩天輪摔死人、桃園螺旋飛車轉斷脊椎骨、碧潭咖啡杯轉盤夾傷腳、斗六天元莊太空飛鼠令遊客鎖骨跌斷等。**這些意外約發生於七、八年間，數量多到令人毛骨悚然。而即便經過了七、八年，遊樂園意外頻傳的狀況，並沒有多少改善。**

除此之外，報紙在報導這些意外時，時常傾向採用業者說法，強調遊客有多麼「不守規矩」。例如一九九四年苗栗西湖度假村，國中生乘坐「子夜快車」時摔出車外不治身亡，報導描寫原因是「未按安全告示牌指示就座」。儘管「遵守遊樂園指示」確實是遊客的責任之一，但是強調遊客過失的寫法，容易讓遊樂園有藉口不改善其安全性。大型遊樂設施是巨大又富有力量的新發明，人類在這些機械面前都變得既渺小又脆弱，不難想像這些設

施有能力造成可怕的傷亡。但是業者未做好安全配套（即便是給「不守規矩者」的配套），就猝不及防地將它引進人們的生活，也算是一種不負責任的表現吧？

一九九九年，遊樂園有過三起致死意外。死亡的都是學生。一九九九年二月，輔仁外文系學生在寒假到臺北市明德樂園打工，二月十二日他維修米老鼠汽車時因軌道有潤滑油不幸踩滑，自三公尺高空墜落地面，因顱內出血不治。同年二月，六福村也有一名工讀生死於「飛天魔毯」。三起中報導最多的，則是該年聖誕節前國中生被夾死的意外。新竹六家國三生在校外教學時來到高雄魔幻嘉年華遊樂廣場，在射擊遊戲中因好奇爬上射擊移動平台，平台移動時被夾斷頸部。當時目擊的同學因為驚嚇過度，甚至當場暈厥。

頻頻流血的遊樂園，成了恐怖電影的舞台

這些意外都發生於「長髮女生坐大怒神慘死」的都市傳說流行以前。這些意外卻為謠言提供了基礎，它讓人們根深柢固地感覺到「遊樂設施的致命性」。**這些意外事件過程宛如恐怖片電影，因此後來恐怖電影大量使用「遊樂園意外」作為恐怖元素，一點也不令人**

意外。二〇〇三年的香港電影《咒樂園》以小女孩從摩天輪上墜落作爲事件開端，二〇〇六年的《絕命終結站3》，主角們也遇上遊樂園雲霄飛車脫軌事故。這些恐怖電影的成功，也說明了人們對「遊樂園意外」的恐懼有多麼強烈。

「長髮女生坐大怒神慘死」傳說源自美國，只是並不是大怒神，而是……？

至於「長髮女生坐大怒神慘死」的傳說本身，有可能是源自美國。

美國有「長髮女孩因頭髮卡住遊樂設施而被剝皮」的傳說，闢謠網站 Snopes 曾討論過[1]。但很不幸的，這則傳說確實有所本，一九九六年一位八歲的小女孩在乘坐旋轉木馬時，頭髮被纏住，她的一塊頭皮被夾在馬達裡。

由於小女孩乘坐的旋轉木馬看起來太過無害，這細節在傳說中被更改，造成傷害的遊

1 網站網址 https://www.snopes.com/fact-check/hell-toupee/

樂設施，通常涉及高速或急速下降。這可能就是為什麼「長髮女生坐大怒神慘死」都市傳說中致命的，是會從高空急速下降的「大怒神」。

二十年前的六福村慘案——三歲女童被老虎咬死

那麼「長髮女生坐大怒神慘死」的背景六福村，又有什麼令人感到不安的地方嗎？六福村的園區分成遊樂園與動物園兩部分，兩邊都曾有過意外致死事件。但我認爲最爲觸目驚心的，應該是一九八一年六福村動物園裡，三歲女童被老虎咬死的事件。

三歲林姓女童隨父母到六福村野生動物園遊玩，行駛到猛獸區時，車子產生異狀，女童一家人以爲車子即將爆炸，因此林媽媽抱著女童跑出車外，坐到前面姊姊的車上。但這時有一隻老虎從十公尺外躍近，在林媽媽尚未關好車門時將女童叼走。直到管理員趕來，才驅走老虎。然而被救回的女童頭骨碎裂，大量出血，送醫後傷重不治。

在我長於九〇年代的童年時期，曾聽父親提過這起事件。這說明這則新聞，至少留在人們（比如我父親）心中超過十年以上。這起事件在當時，應該引起了軒然大波，以致於它後來被記得這麼牢靠。儘管六福村大怒神傳說，跟林姓女童事件相差了二十年。但是當時的驚恐、害怕，或許還殘留在人們心中。所以當相似的謠言出現時，才會再次激起人們的恐懼吧？

坐大怒神慘死是假的，但是有另一個眞實故事

「長髮女生坐大怒神慘死」的都市傳說，可以視爲另一起六福村意外事件的變形：一九九九年二月，彭姓工讀生被「飛天魔毯」擊中致死。這起事件的受害者是工作人員，遊樂設施也非大怒神，因此應該和「長髮女生坐大怒神慘死」傳言沒有什麼關係才對，**但這起事件的後續，卻和「長髮女生坐大怒神慘死」傳言有相似之處**。

一九九九年二月，六福村十分繁忙。二月中有春節連假，對於遊樂園來說是旺季中的旺季。而對於「如何吸引春節人潮」，六福村也早有想法。他們籌備許久的「阿拉伯皇宮」恰恰好選在春節前夕二月十日開放。阿拉伯皇宮裡有風火輪、飛毯等遊樂設施，耗資二十

多億，顯然是打算靠炫目的中東風情吸引春節遊客。

但是在開放前夕，卻發生了一起意外。

彭姓工讀生來六福村打工，在他上班的第二天，二月五日，他因爲站在「飛天魔毯」的危險距離內，被運轉中的鐵臂擊中頭部和胸部，當場死亡。這很可能是由於魔毯是尚未開放的最新遊樂設施，因此其他工作人員對於它的危險性還不夠了解，並且也未在設施運轉時善盡監控的責任，因此釀成悲劇。

但是悲劇的時間對六福村非常不利，再過五天阿拉伯皇宮就要盛大開放、再過十天就是春節連假。

綜觀二月上旬那幾日的新聞，都在報導新開放的阿拉伯皇宮有多麼宏偉壯麗、又有哪些阿拉伯風情的表演、以及今年有什麼門票優惠。

沒有一則六福村的報導提到這位工讀生的死。

根據當時 PTT 上的一篇文章，當時的電視新聞似乎有零星播報[1]。但就我檢索報紙資料庫的結果，一九九九年二月完全沒有任何一篇六福村的報導提到這起意外，就算有，也必然隱去了「六福村」的關鍵字，不只我們現在無從查找，當時的讀者也無從辨識。

可以想見這則新聞對於六福村有多不利。要是新聞大量曝光，六福村的春節營收必定會大打折扣。偏偏事發地點的「阿拉伯皇宮」，還是六福村當年主打的亮點。這名工讀生的死會爲斥資上億的「皇宮」帶來何等巨大的陰影？

缺乏報導的工讀生之死，難道是「被壓下來」了？

「六福村主題遊樂園總裁莊秀石說，阿拉伯魔宮占地約五千坪，以三十七個高低不同造型的伊斯蘭式圓頂尖塔組成皇家宮廷式建築，相當華麗壯觀，其中魔宮最高五十公尺的尖塔塔頂，是以純度 9999 黃金打造。」

這是《聯合報》一九九九年二月六日的新聞。彭姓工讀生死後一日，阿拉伯魔宮的報導依然正面，尚未蒙塵，彷彿沒有人知道，這是一個剛發生死亡事件的地方。而它將以這個光鮮亮麗的姿態，去迎接人潮大舉湧入的春節假期。

1　網站網址 https://www.ptt.cc/man/NTHU_MStalk/DCA4/DFE8/M.921128626.A.html

若我們參照其他遊樂園意外事故的報導，則彭姓工讀生意外死亡的事件，如此無聲無息是很奇怪的。同一個月，另一起工讀生意外死亡的事件，新聞也點名了事發的臺北市明德樂園，該年年底的國中生被夾死意外，新聞也沒有遺漏事發地點。那爲什麼六福村飛天魔毯意外，並沒有在事發之後得到應有的報導呢？

我們應當可以推測，飛天魔毯意外事件的新聞，「被壓下來了」。

直到當年六月十一日，《中國時報》報導檢察官依過失致死罪向六福村工作人員提告，這起事件才在報紙上有較爲正式的報導。十一月的另一則報導則提到，兩位工作人員被判徒刑四個月緩刑。

若非這兩則報導，如今我們其實難以確認飛天魔毯意外事故的始末。就連 PTT 上的記載都將彭姓工讀生的死亡日期誤植成二月十六日，這說明了這起事件被「壓」得多麼徹底，連一個月後的記載，都會犯下基本的日期錯誤。但這個錯誤也十分令人玩味，二月十六日正是大年初一，「大年初一將近」正是六福村可能把新聞壓下的理由。因此這個日期對於飛天魔毯意外事件而言，也有十足的重要性。

謠言的材料來自眞實故事

還記得一開始提到的，「長髮女生坐大怒神慘死」都市傳說的後續嗎？

「原來六福村花大把的鈔票把此新聞蓋下來！如果這種消息曝光，那我想六福村應該要關門了吧。……」

這一段並不是眞的。但在另外一個眞實故事裡，重要的意外事件被新聞媒體不合常理地忽略了。彷彿六福村眞的「花了大筆的鈔票壓新聞」。因此，一九九九年二月的遊樂園裡，還是一樣歡騰熱鬧，業者並未在商業上受到任何懲罰。

「飛天魔毯意外」像是「長髮女生坐大怒神慘死」的翻版。**後者的重要主題，包括「遊樂設施很危險」和「資本大的遊樂園會控制不利言論」，在這個真實故事裡都出現了。**都市傳說總是假假眞眞，故事本身可能爲假，但包含了眞實的片段作爲依據。

如今了解眞相的你，知道「長髮女生坐大怒神慘死」故事中的「眞實」是什麼了。

錯置的歷史

「日據刑場」哪有這麼多？

靈異傳說的政治性

「傳說中，當初被日軍屠殺的屍體，有的被棄屍荒野，有的則散棄在附近一處古井及防空洞。」

「除了古刑場血流成河以外，還聽說附近有一口古井，專門搜集被日軍斬殺的屍首。」

「日據時代裡，在古刑場留下了一口古井，那口古井是做什麼用呢？好像是有些犯人，砍頭之後，那個頭都丟到古井裡面。」

——靈異節目《鬼話連篇》第二五〇集「日據禁地」，二〇〇二年左右播出

「這次外景拍攝地點，是早期日據時代所遺留下來的刑場，許多百姓遭受不人道的對待，造成死傷眾多，亡魂不計其數，顯得此地殺氣騰騰。因時間久遠，刑場早已改建成民宅，卻傳出居民睡覺時，被推下床的詭異事件。也有人看過，疑似無頭的靈體。」

——靈異節目《鬼話連篇》第二八九集「邪靈壓陣」，二〇〇二年左右播出

「就有一群人，但是其中有兩個很像日本官兵，因為他穿著以前那種日據時代日本官兵的服裝。大概拖了七、八個人左右吧，每個人都有上手銬腳鐐，就很像囚犯這樣被他們拖到黑白無常的前面，一個個跪下來以後，那日本士兵就把他們的頭都砍掉。他越看越害怕，但是他又沒辦法移動他自己……然後事後呢，我們就去問這個舍監老師說，到底是怎麼回事。不然他怎麼每次到操場都是這樣呢？結果舍監老師就跟我們講說，我們學校，在日據時代的時候，操場那一塊其實是刑場，古代的刑場。」

——靈異節目《神出鬼沒》「刑場鬼校」，時間可能在二〇〇一至二〇〇四年之間你聽過「某某地方是日據時代刑場」的說法嗎？或者，你讀的學校就流傳過這種說法？又或是，你曾遇過有人提到你熟悉的某家百貨公司、某家飯店，信誓旦旦地跟你說：「那裡很陰，因爲以前是日據時代的刑場喔！」

這是眞的嗎？

如果這些說法屬實，那麼臺灣的「日據刑場」將會至少包括：

北部的臺北市大同分局、西門町某處某娛樂大樓（可能是萬年大樓或獅子林）、喜來登飯店。信義區的君悅飯店、中強公園、臺北市政中心（市政府）和臺北市議會。

中部的臺中成功嶺、臺中梧棲安寧派出所。彰化的彰化高中、彰化高商到建國科技大學一帶，員林百果山待人坑、永靖高工。雲林益新工商。

南部的臺南新光三越小西門新天地、臺南公園、成功大學光復校區、臺南大學宿舍。高雄衛武營。

離島的綠島燕子洞。

看到這裡，我想應該很多人，都會想要和我一起仰天長嘯：

「日治時代的刑場也太多了吧！這樣不就全臺各地都是刑場了嗎！」

所以上述地點到底是不是「日據刑場」呢？

當然不是啊！

上述「日據刑場」只有一個是真的，其餘全部都是子虛烏有。但是這些子虛烏有，都被說得繪聲繪影：

「君悅飯店現在人來人往，以前是人頭落地的刑場。」

「晚上會聽到日本人行軍的聲音。」

「因爲市政大樓在日據時代是日軍刑場，施工過程中又意外頻傳，讓人想到都會怕，天色一晚就沒人敢單獨行動。」

「成功嶺是日據刑場，所以半夜常常聽到悲慘的哀號聲……」

「待人坑就是殺人坑，當地人說過去這是日本兵刑場，有非常多人行刑慘死，甚至血流成河，染遍溝渠。」

「日據時代這裡是個刑場，以前一到晚上就聽到鬼哭神號的淒厲叫聲，還有日本警察辱罵『八格野鹿』……」

繪聲繪影的傳說散落在各地，靈異節目盛行時，外景隊也喜愛去拍各種「以前是日據刑場」的地方，想像荒煙蔓草背後有怎樣的血腥歷史。更不用說幾乎每個學校都有「學校以前是刑場（或亂葬崗）」的不可思議傳說，這些說法總和起來，彷彿整個臺灣到處都是刑場，而整個日治時代好可怕、天天都在行刑。

但是，眞正的「日據刑場」，可能只有兩處。

那爲什麼「日據刑場」會那麼多呢？**那是因為，「刑場」感覺的地方是真的很多。只是，並不是日治時代**。

整個臺灣都是日本人的刑場？「日據刑場」的眞實面貌

準確來說，日治時代並沒有專門的「刑場」。當時臺灣受日本所統治，**日本的《刑法》規定：「死刑是在監獄內執行絞首。」因此執行死刑的地方附設在監獄裡，是監獄的一部分**。從現今留存的「臺北刑務所建物配置圖」看來，所謂的「刑場」，也不過就是廣大監

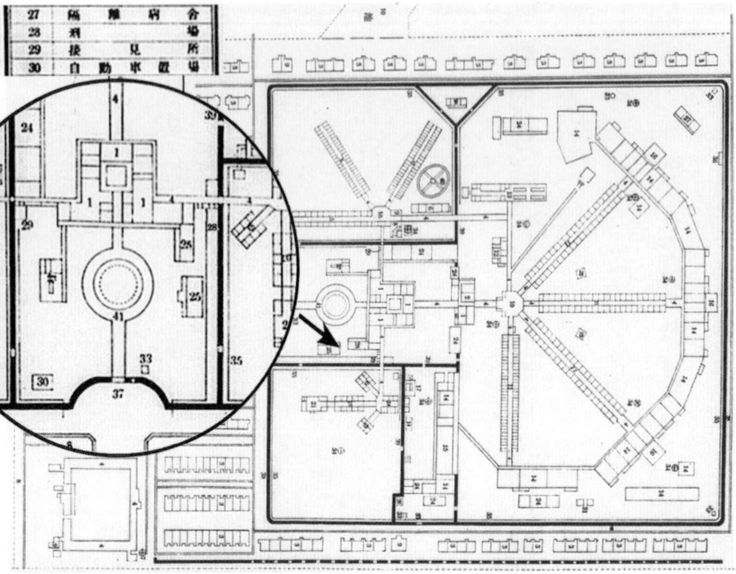

臺北刑務所建物配置圖。圖片來源：昭和十三年　臺北刑務所　刑務要覽（via 日治時期圖書全文影像系統）

獄中一個狹窄的區塊，**實際上占地並不大**。刑務所的主體依然是受刑人的活動區域，而非執行死刑的刑場。**因此「刑場」的想像，從一開始就不正確**。

那麼就算以監獄裡執行死刑那一塊地方爲「刑場」好了，這些刑場的地點，也幾乎都與傳說地點對不上。日治時期的監獄稱之爲「刑務所」，臺灣日治時期的「刑務所」一共有八所[1]，其中以「臺北刑務所」、「臺中刑務所」跟「臺南刑務所」爲最大，這些刑務所底下分設支所，包括宜蘭、花蓮、嘉義、高雄支所。

大安行政區域圖。圖片來源：臺北市大安區公所（https://dado.gov.taipei/）

除此之外，還有專門收容少年犯的「新竹少年刑務所」。但這八座刑務所中，應該只有臺北、臺中、臺南這三大刑務所有機會有刑場，其餘支所，規模和三大刑務所相去甚遠，從平面圖看來，也沒有刑場。

整個大臺北地區只有一處「刑場」。這個唯一的刑場位在臺北刑務所，從「臺北刑務所建物配置圖」上，可以看到標示「刑場」的位置。

「臺北刑務所」位於今日大安區的愛國東路、金華街與金山南路交界口一帶，現址

1 在日本治理臺灣初期（一八九五年至一九〇二年）有其他監獄。但是那些監獄存在的時間都相當短暫，其功能比較像日本接管臺灣初期的臨時監獄。相較之下，北中南三大刑務所在一九〇三年後相繼竣工，都存在四十年以上。

是中華電信與中華郵政大樓——和人們的想像不一樣，臺北刑務所既不是學校，也不是百貨公司或飯店，而且既不在西門町，也不在信義區。

或許這兩棟電信大樓跟郵政大樓也存在鬼故事吧！但絕對沒有信義區傳得凶猛。**也就是說，雖然到處都有「日據刑場」傳說，但真正的臺北「日據刑場」舊址反而是被遺忘的。**

至於臺中，臺中刑務所雖然是三大刑務所中保存相對完整的，但是很可能沒有刑場。臺中刑務所的資料相對較少，在《臺中市市定古蹟「原臺中刑務所典獄官舍、原臺中刑務所浴場」調查研究及修復再利用計畫》所引用的平面圖裡，並沒有標示「刑場」。但是戰後臺中刑務所作爲臺中監獄使用時，平面圖上倒是眞的有刑場。至於這樣「好像有刑場」的臺中刑務所，靈異傳說興不興盛——根據我上網詢問的結果，答案是不。

三大刑務所中，大概只有臺南人對於「臺南刑務所」的記憶十分頑強吧！臺南刑務所原址現在成了新光三越小西門新天地，是占地廣大、看上去十分宏偉的百貨公司。新光三越很常被視爲「很陰」、「會鬧鬼」的地方，原因是因爲「以前是日據刑場」——**一千零一個傳說中的「日據刑場」地點，這一個終於對了**。

臺南刑務所確實有刑場。一九一五年噍吧哖事件後，經法院判決，被判死刑者有九百一十四人，其中死刑確實執行者有一百四十餘人，包括余清芳、蘇有志、江定等人。

臺北市信義區知名五星級君悅飯店，曾被網路票選為全球十大飯店之一，卻被誤會是鬧鬼聖地。

他們被執行死刑的地方，就在臺南刑務所。臺南刑務所的建物坪數統計之中，也可以看到刑務所有「墓地」，應該就是爲了埋葬死者所用。

總之，全臺灣真正的「日據刑場」本來就極少，而真正以靈異傳聞廣為人知的，只有臺南刑務所後來的新光三越而已。其餘靈異故事中的「日據刑場」，都是子虛烏有。

跟刑場沒有半毛錢關係的君悅飯店

在全臺灣多到數不清的假「日據刑場」中，最受流言所困擾的，應該就是位在信義區的「君悅飯店」了。

君悅飯店曾經被國際訂房網站評爲「全球十

大猛鬼飯店」之一，原因就是因爲網路上傳言「君悅飯店以前是日據刑場」。飯店所掛的字畫，也被附會爲符咒。到了二〇一六年，君悅飯店大概是因爲不堪其擾，所以整理出日治時代的地圖闢謠，證明君悅飯店在日治時代，只是軍工廠的倉庫，跟什麼「刑場」沒有半毛錢關係。

確實，要是找到日治時代的地圖，如今的信義區是一大片農田，甚至因爲實在太邊緣（當時的臺北市中心位在臺北車站附近一帶），還有很多地圖是沒畫到東區的。但是在二戰，美軍轟炸臺灣時所拍下的航空圖中，可以看到君悅飯店一帶確實有東西——根據美軍所繪製的地圖，那裡被標爲「倉庫」，應該確實是日軍所用的倉庫。有些新聞藉此幫流言開脫：可能是因爲是日軍倉庫，所以才被誤傳作刑場吧。

不，就算是倉庫，還是跟行刑沒有任何關係啊！

儘管根本就是不實謠言，「日據刑場」的流言還是一直纏著君悅飯店。早在一九九五年、君悅飯店還叫作「凱悅飯店」時就有此說。根據《聯合報》五月二十八日的報導：

「凱悅的基地，在日據時代是一塊犯人行刑的不毛之地，在風水學上有著一些迷信的禁忌。為了破除不祥之氣，所以運用了大量的風水理論在建築物的設計、擺設上，結果『氣勢果然不凡』，業績如今已是臺灣飯店之最。」

說起來君悅飯店也眞可憐，一九九〇年完工，一九九五年就已經出現「日據刑場」的傳言。在君悅飯店三十年的生涯中，居然有二十五年伴隨著無中生有的刑場謠言。這個謠言，可以說是相當頑強吧？

「日據刑場」說法何時流行起來？

既然多數的「日據刑場」說法都不是眞的，那它又是怎麼出現的呢？

「日據刑場」的說法最早始於何時不得而知。一九八八年廖輝英刊在《聯合報》上的〈人鬼擦肩過〉一文，提過她孩童時期，被大人告知住處水源路附近某塊空地「是日據時代的刑場，所以極不乾淨」。隔年一九八九年，報紙報導有公司爲了打擊對手的股價，誣賴對方處理的土地是「日據時代的刑場」，顯然很熟悉「日據刑場」的商業操作潛能。

不過一九八〇年代，報紙上「虛構的日據刑場」案例還相當零星，「日據刑場」說法的大規模出現，應該是要到一九九〇年代。一九九〇年代靈異熱潮大盛，許多鬼話系列書籍跟靈異節目都在這時流行起來，它們生產了許多靈異傳聞，簡直可說是「靈異傳說界的

流行引導者」。而流行的重要領導者之一，是陳爲民的「軍中鬼話」系列。一九九二年出版的《無聊男子的軍中鬼話II》，就講到某營區「曾是日本人屠殺臺灣的刑場」。「日據刑場」說法的流行，應該和陳爲民「軍中鬼話」的廣受歡迎有關。之後的靈異節目，也有推波助瀾之功。

恰巧的是，一九九三年以後，新聞上出現了許多虛構的「日據刑場」。由於時間剛好在陳爲民的「軍中鬼話」之後，因此有可能是受到軍中鬼話所影響。

一九九三年，《聯合報》有提到「剛落成的臺北市政大樓以前是日軍刑場，員工晚上不敢單獨行動」的說法，其後，一九九四年報紙上陸續出現「有人說臺北市議會是日據刑場，不乾淨」、「苗栗斗煥國小校長接連死亡，有人說該地以前是日據屠殺犯人的刑場」的新聞。同樣也是在一九九四年，報紙娛樂版提到電視靈異節目《接觸第六感》其中一集，主題是「西門商圈著名娛樂大樓，在日據時代是刑場」。隨後一九九五年，也可以見到凱悅飯店、大同警局、成功嶺等地是刑場的傳聞。

當然這些地方沒有任何一個地點是真正的「日據刑場」，但正是因為不是真的，恰恰說明了這時「日據刑場」的想像有多普遍。因此大抵可以確認，**「日據刑場」的說法，是在一九九二至一九九五年間流行起來的。**

到了二〇〇〇年代初，「日據刑場」的鬼故事已經發展得相當成熟。從文章最開頭所列的靈異節目片段可以看出，這些鬼故事已經有了典型的故事元素，包括「日本士兵」、「砍頭」、「無頭屍體」等等。**但是，這種想像根本是失真的。「日據刑場」的說法，不只在地點上失真（就如同前面所揭示的那樣），它提供的細節，也完全不符合真實情況。這些繪聲繪影的細節，根本是憑空捏造。**

那麼，「眞相」是什麼呢？

日軍行刑後會有無頭屍體嗎？

「日據刑場」的傳說，時常伴隨著「無頭屍體」。例如文章開頭的靈異節目提到的幾個片段：

「這次外景拍攝地點，是早期日據時代所遺留下來的刑場……也有人看過，疑似無頭的靈體。」

「日據時代裡，在古刑場留下了一口古井，那口古井是做什麼用呢？好像是有些犯人，砍頭之後，那個頭都丟到古井裡面。」

「就有一群人，但是其中有兩個很像日本官兵，因爲他穿著以前那種日據時代日本官兵的服裝。大概拖了七、八個人左右吧，每個人都有上手銬腳鐐，就很像囚犯這樣被他們拖到黑白無常的前面，一個個跪下來以後，那日本士兵就把他們的頭都砍掉。他越看越害怕，但是他又沒辦法移動他自己……結果舍監老師就跟我們講說，我們學校，在日據時代的時候，操場那一塊其實是刑場，古代的刑場。」

「砍頭」是「日據刑場」鬼故事的經典情節，幾乎每個人要講到行刑的時候，都會講到「日軍砍頭」，也時常描述刑場以前「血流成河」，因此後來出現了「無頭幽靈」。最

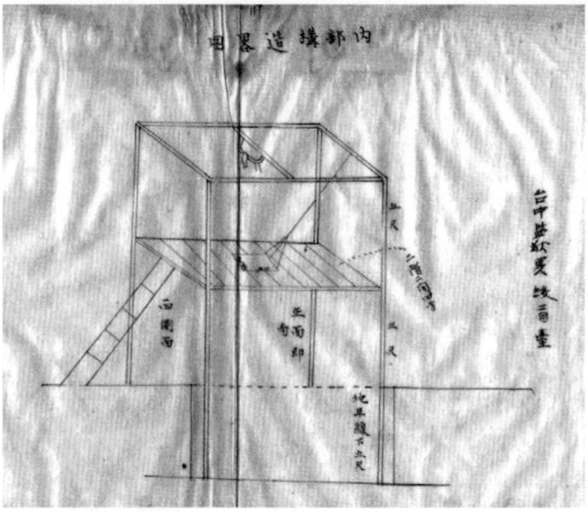

根據日本刑法，當時的行刑方式並不是砍頭，而是絞刑。圖片來源：臺中市文化資產處（https://www.tchac.taichung.gov.tw/information?uid=48&pid=1236）

活靈活現的，大概要數彰中一帶的靈異傳聞：「彰化高商以前是刑場，行刑完後的人頭會滾落到彰中操場附近……」連頭的滾動範圍都設想周到，想像力非常豐富。（不過有點太周到了，怎麼可能滾那麼遠啊！）這個傳說還有系列作：「有人看到夜晚的彰中操場上，有一群沒頭的人，把一顆人頭當成球在踢……」滾落的頭還可以拿來當球踢，真的是物盡其用。這些傳說本身太好玩，連我都差點要信了。

但是真正的「日據刑場」，行刑方式並不是砍頭。

根據日本的《刑法》第十一條：「死刑是在監獄內執行絞首」。噍吧哖事件中被處以死刑者，都是被執行絞刑。在絞首的情況下，人是上吊死，而非被砍頭。**因此不會斷頭、不會血流成河，也不會變成「無頭屍體」，更不會出現「頭丟到井裡」或者是「頭滾落到山下」這類畫面。**

況且，「頭丟到井裡」或「頭滾落到山下」，幾乎都是預設了「在開放的野外砍頭」的情境。「操場以前是刑場」的說法，也表示認爲「刑場與操場一樣大」。但是根據臺北刑務所的空間配置圖，刑場位於室內（絞首要特地在戶外執行也有困難），而且地方並不空曠。

也就是說，無論是行刑方式，或者是行刑場所，「日據刑場」傳說都和「真正日治時代的死刑」不相符。

那爲什麼會出現「砍頭」的意象呢？南臺科技大學的日籍教授伊藤龍平研究臺灣校園怪談，他認爲這可能是「**錯置了臺灣人對於清朝行刑方式的記憶**」。因爲臺灣在清朝時，罪大惡極者會被「梟首示眾」，而鬼故事中很常出現的「手銬腳鐐」，可能源自清朝時，罪犯的手會被放進「厚木板」、腳上會銬上腳鐐。所以鬼故事才會有「無頭鬼」跟「手銬腳鐐」[1]。

清朝時的刑場也確實遼闊，符合「日據刑場」傳說裡的想像。日本初統治，臺灣時接收了清代的刑場，一九〇〇年臺中監獄署留下的統計資料，清代刑場占地相較之下滿大，規模有兩百一十二坪，大概是四分之一個操場的大小——如果是在這個刑場，頭就可以盡情滾落了吧？

除了「砍頭」以外，鬼故事中常見的行刑方式還包括「槍決」，例如「在中強公園的現址聽說以前是槍決人犯的刑場」，或是某批挖出的骨骸被推測「可能是從前日軍槍決的人犯就地掩埋」。但是日本並不執行槍決，反而是在日本之後統治臺灣的中華民國使用槍決。位於青年公園附近的「馬場町刑場」，就是五〇年代槍決政治犯之地。**因此若說「日據刑場」是「槍決」的，很可能是錯置了戰後國民黨政府統治的記憶。**

執行死刑的，是「日本軍人」嗎？

不知為何「日據刑場」傳說裡，總是出現「日本軍人砍頭」的情節。除了「砍頭」不合理以外，出現「日軍」也不合理。要是情境真的是「刑場」的話，**那麼執行死刑的，應該是刑務所的官吏人員**，他們的職位是「典獄」、「典獄補」，或者是「看守」、「看守長」、

1　伊藤龍平、謝佳靜合著《現代台湾鬼譚——海を渡った「学校の怪談」》，二〇一二年，青弓社。

「看守補」等等。這些官吏多半是日本人，但是他們主要的業務是看守囚犯，因此應該也不存在宛若軍人的殺戮之氣。

那麼，「日本軍人」到底是怎麼來的呢？

日本軍人雖然沒有出現在刑務所裡，但是出現在「軍中鬼話」中。一九九一年，陳為民的《軍中鬼話Ⅰ》中，就有不少「日本時代設立的營區，晚上出現了日軍幽靈」的鬼故事。「日據刑場」的傳聞應該是受到這類軍中鬼話所影響，所以才出現了日軍。

軍中鬼話這種「日軍鬼故事」跟「日據刑場」鬼故事的相似之處，在於兩者都是「在日治時代留下來的遺址上，出現了日軍鬼魂。」雖然「日治＝日軍」的想像有諸多不合理之處，但是對於聽到鬼故事的人們而言，這種思路顯然是具有說服力的。

日治時代臺灣死了很多人嗎？

「日據刑場」**靈異傳聞，給人「日據時代統治者好殘暴、殺了好多人」的印象**，提到這類傳說的靈異節目也會說：「許多百姓遭受不人道的對待，造成死傷眾多，亡魂不計其數，顯得此地殺氣騰騰。」**彷彿整個日治時代，臺灣就是充滿了抗爭與死亡**。

但是，日治時代眞的死了很多人嗎？

這個問題要分成兩個時間點來回答：一九〇二年以前，和一九〇二年以後。一八九五年後，日本初接收臺灣。島上有不少人選擇以武裝反抗新來的統治者。日軍以武力鎮壓抗日臺灣人，直到一九〇二年，抗日組織被完全瓦解，此後鮮少有激烈的抗日衝突。因此日治時代「日本政府殺害臺灣人」的數量，也以這段時間爲最多。根據估算，一八九五年到一九〇二年這八年中，有三萬兩千多人被日本統治者所殺[1]。這個數量包括絕大多數於戰爭中戰死者，以及參與抗日組織、後來被逮捕並處以死刑者[2]。

---

1 相較之下，也有兩千五百名日本人被抗日臺灣人所殺。引用自王泰升《台灣日治時期的法律改革》，二〇一四年，聯經出版社。

2 根據王泰升的解釋，之所以會造成這麼多犧牲，最主要的原因，是思維的差異。臺灣的武裝反抗者用的依然是清朝的思維，因此希望能夠「占地為王」，從日本政府手中得到自治權，但作為現代國家的日本，其目標是對於臺灣完全的治理，因此不會接受這種條件。在臺灣轉型成現代國家的過程中，這些反抗者成了轉型的犧牲者。

但是在一九〇二年以後，被判處死刑的囚犯數量銳減。根據法律史學者王泰升的研究，除了頭兩年，以及發生噍吧哖事件的一九一五年以外，**每年的死刑人數，都在個位數**。若再加上那幾年，以非常粗略的方式算來，一九〇二年以後被日本政府處以死刑的人數，約在七百三十人以下。

雖然日治初期臺灣確實死傷慘重，但絕大多數，並非死於「刑場」，而是在戰爭中死於戰場上。況且，雖然前面提到了會對罪犯處以絞刑的臺北刑務所與臺南刑務所，但是這兩所刑務所都建於一九〇四年以後，那時候日本政府鎮壓最劇烈的時間已經過去。**也就是說，真正的「日據刑場」處決人數，每年幾乎都在十人以內**。

這個數字以當代標準看來，還是非常多。但是要產生鬼故事，恐怕有點條件不足吧？每年低於十人的話，就算一整年的死刑犯加起來，也還湊不到一支足球隊（會讓彰中操場的人頭足球隊無法開打）。開頭某段靈異節目描繪的「日軍拖了七、八個人左右」，嗯，那大概就是一整年的死刑人數了。綜觀整個臺灣，絕對還有很多地方，比日治時期刑務所「更有資格」產生靈異傳說吧？

那如果是抗日呢？抗日應該死了很多人吧？

根據上述的數據，日方在政權交替之時處死的人數是三萬兩千人，穩定期間處死的人數則是七百三十人以下。我們可以參考另一次政權轉移時的死亡人數，來解讀這個數字「到底多不多」。

二二八的死亡人數爭議非常大，目前大家比較有共識的數據，是行政院報告中提到的「一萬八千人到兩萬八千人之間」。其後白色恐怖時期的槍決人數，則爲一千零六十一名，且多集中於一九五〇年代。**如果要說哪一種刑場比較可怕，恐怕密集執行死刑的戒嚴時期刑場，比日治時代可怕**。

雖然二二八的死亡統計落差相當大，日治初期死於抗日的人數統計也不盡然精準，但是，透過這樣粗略的比較，**我們大抵可以知道，相較於戰後的國民黨政權，日本政府的殘暴程度並非壓倒性的勝出。如果要說「日本政府一定比較罪孽深重」，並不成立**[1]。

1 況且這兩種殺戮，型態並不相同。日治初期是人民自發性的武裝抗日，二二八則更傾向單方面的屠殺。

況且，如果說「日據刑場」鬼故事，其實是記憶日治初期的武裝衝突，那麼以「日據刑場」傳說流傳開來的一九九〇年代來說，那也已經是一百年前的事了。這時候還記得當日情景的，都已經是百歲人瑞了——不，就連百歲人瑞也不記得吧，畢竟百歲人瑞在一百年前，還只是個小嬰兒。**為什麼會在一百年後，大家突然開始「記得」一百年前日軍的殘暴呢？這種「記得」，到底是記憶，還是「想像」？**

一九九〇年代雖然距離日治初期已經過了一百年，但是，距離二二八，不過經過五十年。二二八時，由於全島遭到大屠殺，屍體到處堆積，那時的臺北被描述為：「當時臺北市的植物園，飄蕩的不是花香，而是屍臭；基隆港、淡水河、新店溪更漂浮著大量屍體。由於這些人都是橫死，靈魂無法安息……」[1]

當時兒子周淵過被帶走的周母四處尋屍，但在淡水河邊，就找到了不只三百具屍體。**按理來說，這種淒慘情景，應該足以成為盤桓那個地方的恐懼記憶。但是在如今常見的「鬧鬼地點」中，植物園、基隆港、淡水河、新店溪這些地方都沒有上榜**，很諷刺地，它們還輸給了實際上並非「日據刑場」的君悅飯店、西門町大樓。

根據二二八的口述史，二二八後並非沒有靈異故事，只是這些靈異故事都只存在於家屬心中，鮮少進入大眾視野。或許想想也並不奇怪吧，解嚴前談論二二八是禁忌，而在解嚴以後，二二八又是高度爭議性的話題，直到今日，我們對於二二八的認識仍然相當不足。在這樣的情況下，「二二八鬼故事」得不到大眾的共識、也無法滿足大眾的心理，自然難以流傳開來。

「日據刑場」流傳開來的原因——符合戒嚴心靈

前面已經提到，「日據刑場」靈異傳聞的地點錯誤、細節錯誤，而且就連最基本要傳達的資訊：「日本政府很殘暴」都是錯誤的。既然如此，那為什麼「日據刑場」的傳說，還是會廣泛流傳呢？

大眾不需要眞相，只需要符合想像的故事，**而「日據刑場」鬼故事，完全符合一九九〇年代大眾的想像。**

1 李禎祥〈陰陽同悲、人鬼共愁：二二八靈異物語〉。

「日據刑場」鬼故事，是將「殺戮」當作日治時代的主要印象。因此說到日治，就是日軍；說到日治留下來的建築，就是刑場。**但對於在日治時代生活過的臺灣人來說，這並非真實感受**。日本治理臺灣五十年，而當時在臺灣的日本人，絕大多數是官吏、公務員、教師、警察，鮮少是軍人。如果讓經歷日治的臺灣人選擇一個代表圖景來記憶日治時代，可能是城市裡的警察、列車站長，怎麼樣都不會輪到「日軍行刑」。

那麼，誰會擁有這樣的印象呢？

在臺灣島上，還有另外一批「沒有經歷過日治」的外省族群。對他們來說，日本人不是威嚴的統治者，而是殘忍嗜血的敵人。**如果要說本省人心中的日本人代表是「警察」，那麼外省人心中的日本人代表，毫無疑問就是「日軍」**。外省族群對於日軍的記憶，恰巧吻合「日軍砍頭」的情節。例如一九八九年三月七日，刊於《聯合報》副刊的康芸薇〈歲月〉一文便提到：

「想到小時候在河南老家，常聽到大人們恐懼、憂傷地說：『日本人又要殺咱們中國人了！』我家後面有一片荒地，那是日本人殺害我們中國人的刑場之一。日本人在那塊空地上挖了一個大坑，為了不浪費子彈，他們殺中國人用的是一種古老的刑法——砍頭。日本人先在刑場燒一大壺開水，命五花大綁的中國人跪在坑邊，劊子手將一壺開水淋在鋼刀上，一刀下去，屍體與人頭一起滾落在坑中，刀不見血。」

這是外省籍作家康芸薇，所寫的河南老家印象。在這段文字裡，「日據刑場」鬼故事的典型要素一一登場：刑場、日本軍人、砍頭、頭與屍體分離的畫面……

「日據刑場」傳說裡的「日軍砍頭畫面」，以「臺灣日治時代」來說不合理，但是要是換成「外省人的中日戰爭記憶」，那就完全合理了。外省族群正是用「日軍砍頭」的圖景，記憶著他們與日軍的血海深仇。**「日據刑場」鬼故事，是將外省族群的日軍印象，移植到臺灣這塊土地上**。

戰後，由於教育的強行灌輸（例如說日治時代轟炸臺灣的是日本人），外省的記憶成了臺灣的強勢記憶。到了一九九〇年代，恰恰就是四、五十歲中生代以下，都受到戰後黨國教育的一代。對他們來說，臺灣本地的日治歷史是遙遠的，要怎麼理解「日據時代」呢？那就用中日戰爭來理解吧——**到了九〇年代，「日軍砍頭」的圖景，已經成為臺灣人記憶的「最大公約數」**。

錯置的情境，埋藏了真實的恐懼

將「中日戰爭」塡充進「日據時代」，這是一種錯置。「日據刑場」鬼故事還存在另一種錯置。

廖輝英一九八八年的文章提到某處「是日據時代的刑場，所以極不乾淨」。六年後，她在另外一篇文章裡說：

不知是怎麼以訛傳訛，有人就說那是日據時代的馬場町刑場。後來雖知不是，但仍有人信誓旦旦地表示：那塊地的確是塊不乾淨的行刑地，有人甚至還看到過鬼呢。

她文中「信誓旦旦」的友人沒有信錯，馬場町確實是行刑場。只是，行刑的並非日本統治者，而是戒嚴時的國民黨政府。

這個錯置，令我感到非常悲傷。

廖輝英這樣寫，表示她已經不相信「馬場町是日據刑場」的說法，但是也不知道，那裡就是白色恐怖時的槍決地，因此雖然轉述了行刑地的說法，但是沒有提出解釋。**這表示白色恐怖的歷史，被壓抑得極為徹底，就連在附近長大的居民，也會將當朝刑場誤作前朝遺產。**

除了馬場町以外，西門町獅子林大樓也都有「日據刑場」的傳聞。一九九四年靈異節目《接觸第六感》做過「西門町獅子林大樓」的專題，報紙上如此介紹這一集：

「位於西門商圈的一棟著名娛樂大樓，在日據時代原爲刑場，後爲鎮邪魔，改建東本願寺。光復後土地規劃欲蓋大樓，東本願寺住持託夢警告不可，否則烽火不斷，沒想到大樓啓用後，歷年來果眞火災頻傳。《接觸第六感》本集針對此一傳聞，特別採訪當事者親述大樓中一連串離奇的撞邪經歷與見鬼奇聞。」

西門町獅子林大樓前身確實是東本願寺，但是，日治時代東本願寺就只是個寺廟，沒有其他用途。反而是在戰後，東本願寺成了保安司令部看守所（後改爲警備總部），關押與刑求政治犯。根據國家人權館的說明，這裡被稱爲「閻羅殿」，在一九五〇年代初，常祕密處決人犯，因此被喻爲「修羅煉獄」。直到警總搬離東本願寺後，東本願寺原有建築拆除，改建爲獅子林大樓。

這應該就是爲什麼三十年後，獅子林大樓會被說成是「日據刑場」。它確實是以前刑求、處決犯人的地方，只是並非「日據」，而是戰後的白色恐怖時期。

還有一處被當成「日據刑場」的「當朝」禁地，是喜來登大飯店。談話節目《關鍵時刻》二〇一四年八月二十九日討論「臺北三大刑場」，提到喜來登大飯店的過去：

「……本來是日本的刑偵所，什麼叫刑偵所？你把它想像成警備總部在刑求犯人的地方就知道了。所有跟抗日有關係的，所謂的叛亂犯、叛亂份子，全部抓進來這個地方刑求、逼供，有的就直接在裡面就直接槍決了。所以那個地方，其實本來是一個刑場。」

日治時，喜來登飯店的位置是陸軍經理部倉庫，並非刑場。但在五〇年代時，這裡是情報單位（保安司令部／警總軍法處與國防部軍法所）共用的看守所，曾經關押一千名的政治犯。雖然此處並非刑求的地方，但來到這裡的，都是遭到刑求後、等待判決的犯人。判決將會決定，他們是前往綠島監禁，還是直接前往馬場町槍決。

因此，節目中出現的「警備總部」、「槍決」的要素，其實反而是符合這個地方的實情的。而且由於知道看守所實情的人往往只有政治犯本人，對外人而言，神祕的看守所實際發生的是審判、刑求還是槍決，感覺都沒有差太多。（實際上，這些地方功能的區別，還是仰賴近幾年的轉型正義研究，才比較爲人所知。）

也就是說，上述說法**只要把時代換成白色恐怖，就沒有太大的問題了**。

還有一處綠島的燕子洞，也曾經被當成很陰的「日據刑場」。但據說那裡在白色恐怖時，是「存放屍體的地方」。總之，無論那裡有過什麼，它位在戒嚴時監禁政治犯的綠島監獄附近，因此只可能與戰後國民黨政權有關，而不會與日本政府有關。

這些地方會被傳成是「日據刑場」，或許是因為，那裡的建築確實屬於日治時代留存下來的，馬場町原本是日治時代進行跑馬訓練的練兵場，名稱也依然留存日本味；東本願寺、日軍的陸軍倉庫都是留用原本建築，但是作為刑求、審判之用。**因此對這些地方的陰森印象也染上了日本風味，久而久之，就混合成了「日據刑場」的形狀**。

為什麼總是錯得那麼剛好呢？

白色恐怖時期的氛圍十分壓抑而緊張，光是臺北市，就有十幾處情報單位刑求、監禁、審判、偵訊、槍決政治犯的地點。**若說一個地方「很陰」的條件是「無辜百姓遭受不人道對待」、「充滿冤屈」，那麼這些不義遺址，確實「陰」得不得了**。但是若說這裡很陰的話，不就是在抗議統治者嗎？在戒嚴時代，這可是被禁止的事。

但是，不說「當朝」而說「前朝」，那就是安全的。

「日據刑場」的說法之所以盛行，在於它符合戒嚴心靈的需求：日本統治者是殘暴的、當代政權是乾淨無罪的。就算人們還記得某些地方，曾經傳出帶有冤屈的淒厲叫聲，那也沒有關係——就把它解釋成前朝留下來的戾氣吧，例如，日據時代留下來的刑場。

這樣一來，當代政權就依然是無罪的。

在某篇講君悅飯店是「日據刑場」的網路文章中，順便提到了「臺北三大刑場」的說法，並解釋喜來登飯店爲什麼沒有靈異傳聞：「可能是來來飯店前有警政署坐陣，故較少傳聞靈異事件。」這是使用了一種常見的套路：在靈異故事裡，威權象徵通常是安全的。所以國徽是安全的，「警政署坐鎮」也是安全的。有了威權機構，鬼怪就應當被鎮壓。

可是啊，在白色恐怖時期，正是威權創造了鬼魂。**威權不是恐怖的敵人，而是恐怖的來源**。

只是這點，在鬼故事裡被刻意忽略了。因爲存在「不能講的事」，所以靈異傳聞才會歪曲、失眞。否則只要說「獅子林以前是國民黨刑求犯人的地方喔」就好了，何必迂迴地說成日治時代？**這種失真、迂迴，反映的是戰後心靈徹底受到壓抑的情況**。

人們不能公開說「那裡殺了人」，只能用鬼故事、傳聞來表達，這是一種壓抑。

而連「在那裡殺了人」都不能說，就算用鬼故事來講，還是必須躲躲藏藏，要偷渡成「是日治時代在那裡殺了人」，小心翼翼選擇恐懼的對象——這是另一種更深的壓抑。但是這種壓抑，確實存在於臺灣，存在於「日據刑場」的說法裡。**這種壓抑，會讓人們一直以來，連害怕都怕錯對象**。

讓我們回到最初的疑惑：「日據刑場」哪有那麼多？

那是因爲白色恐怖遺址很多，所以「日據刑場」必須多。「日據刑場」可以用作不義遺址的遮羞布。

而認知這件事後，這一回，我們害怕的對象，終於對了。

深夜會動的蔣公銅像？
「偉人」與校園怪談

「十二點整，銅像原來舉起指向前方的右手，竟然放了下來，抓住放在馬背上的韁繩，左手放下韁繩，慢慢舉起，指向前方！包括連長在內，超過三十個人都親眼看到，銅像在他們面前換手！換得那麼自然，根本就像是真人在換手一樣！」

——陳爲民〈換手事件〉，《無聊男子的軍中鬼話III》

「蔣公戎裝騎馬像的那匹馬會在凌晨時分，因為腿痠自行換腿，或是蔣公會在濃霧中騎著那匹馬，在中心的操場跑一圈。」

——憲兵部隊軍中鬼故事，一九九八年左右聽說

「聽說蔣公銅像在半夜的時候，雙眼會流下紅色的血淚。會在走廊走來走去。」

——某文山區國中的校園怪談

「蔣公銅像會怒摑亂講話的人巴掌。」

——某軍中鬼故事

「鳳山某軍校蔣公會換手，有照片為證。」

——網路說法

「環山一路蔣公銅像半夜十二點馬會換腳。基座有個投幣孔，投十塊，蔣公會旋轉並發出亮光，還有那卡西配樂；投五十塊（要舊版外銀內金那種），蔣公會載你下山。連假的時候會看到蔣公騎馬在環山道上巡邏。不明條件下，會變成馬騎蔣公。」

——政治大學的校園傳說，二〇〇九年

臺北市政治大學後山的蔣介石騎馬銅像。馬腿曾在2019年228紀念日前夕被反對權威的臺灣大學學生鋸斷，直到同年5月才修好。

除了「日據刑場」以外，校園怪談的常見套路，應該就是「蔣公銅像會動」了吧？不只蔣公銅像會動，「國父遺像」也被說半夜會流血淚。校園裡的蔣公與國父，好像到了半夜都會變成另一種模樣呢。

我大學的時候讀政大，大家都對「後山的蔣公銅像會換腳」的傳說耳熟能詳，甚至我還曾經努力盯著那尊蔣公騎馬像的馬腳，很好奇如果要換腳，是要怎麼換。現在這個傳說已經成了政大生的溫馨校園回憶，學長姐們會告訴新進來的學弟妹們。因此，只要能說出換腳傳說，就代表你是政大人，或是你對政大足夠熟悉。

不過我後來找了資料，才發現除了政大以外，有不少學校也有「蔣公銅像會動」的怪談，看來也是非常典型的都市傳說。如此一來我就好奇了：

「蔣公銅像會動」傳說，是何時開始流傳的？

銅像傳說既是「軍中鬼話」，也是「校園怪談」

「蔣公銅像會動」的故事模組，有可能是先誕生自軍中鬼話，後來才變成常見的校園怪談。網路上提到「蔣公銅像會動」的例子多半集中在二〇〇〇年後，但是當有不少退役軍人分享他們當兵時的軍中怪談，則可以推測「蔣公銅像會動」的說法，從一九九六年左右就在軍中流傳了。

憲兵後備論壇上有一篇討論「軍中鬼故事」的帖子，談到了蔣公銅像的馬換腳、蔣公銅像騎馬繞操場的傳聞。有一位退役憲兵回應時，表示他聽到蔣公銅像傳聞的時間，大約在「民國八十幾年」，也就是一九九六年左右。但當時他聽聞的內容是：

印象中據學弟當時所敘述，蔣公銅像被發現的異樣只是持韁繩的左右手互換，並沒有牽扯到鬼怪之說，再說蔣公又不會害人，而且韁繩拿了那麼久總是會痠，換換手也應該，所以輕鬆一點別想太多。

這位退役憲兵是一九九〇年入伍，他說當時並沒有聽說過這樣的說法，因此傳說應該是一九九〇年後才出現的。他還說，「馬腿自行換腿」和「騎馬跑操場」的說法，他第一次聽說。

這一段話提供了一些重要的線索。包括，他提到一九九〇年代中聽到的版本是「持韁繩的左右手互換」，這個異狀在如今的「蔣公銅像」傳說中並非主流，因此可能是比較早期的版本。對照另一篇憲兵論壇上「軍中鬼故事」的PO文，我們可以知道「換腳」跟「騎馬跑操場」的說法在一九九八年左右已經出現。也就是說，一九九六至一九九八年間，「蔣公銅像換手」在憲兵傳言圈中，演變成了今日比較常見的「換腳」跟「騎馬跑操場」版本。

那麼更早的「換手」的版本又是怎麼出現的呢？很有可能源自陳爲民的「軍中鬼話」系列。陳爲民的《無聊男子的軍中鬼話III》有一篇〈換手事件〉，故事中蔣公騎馬像，兩隻手會在半夜十二點互換。憲兵訓練中心最後請來具有歷史的軍旗鎮壓，蔣公銅像才不再換手。《無聊男子的軍中鬼話III》出版於一九九三年，這個故事由於發生在憲兵訓練中心，憲兵論壇上也討論過。若「蔣公銅像會動」的說法是從「軍中鬼話」系列傳開的，那麼一九九〇年時，自然還不存在這樣的傳聞，當時入伍的人也無從聽說起。

那「作爲校園怪談」的「蔣公銅像會動」傳說又是何時傳開的？

BBS政大貓空行館一九九七年有一篇帖子，原PO提到他會跟其他學校學生「扯扯後山的蔣先生和他愛駒換腳站立或換姿勢這個不怎麼恐怖的故事」，因此政大版傳說應該是在一九九七年前傳開的。那之後蔣公銅像傳說內容也越來越豐富，尤其是各種投幣傳說：

「投十元進去就會唱歌，投二十元會唱梅花梅花滿天下。」

「丟五十塊的話，蔣公會下來換你騎馬；丟一百塊的話，蔣公會把馬舉起來，換馬騎蔣公。」

蔣公又會唱歌又會舉馬，能文善武又歡樂無限。這種娛樂蔣公的開關在哪裡呢？有人說「馬的屁股」晚上會變成投幣孔，還有讀政大的網友分享，他半夜盯著蔣公銅像找了好久的投幣孔，結果都沒有找到。欸呀，眞是太可惜了。

「蔣公銅像會動」是臺灣版「二宮金次郎」怪談？

日本有一類怪談，很接近於「蔣公銅像會動」傳說，叫作「晚上會動的二宮金次郎像」。二宮金次郎本名二宮尊德，是江戶末期的思想家。他以好學聞名，據說小時候會邊走路邊看書，因此年幼的二宮金次郎「負薪讀書」的樣子非常有名。日本近代化後廣設學校，就用二宮金次郎「負薪讀書」銅像，來鼓勵學生們努力向上。在日治時代的臺灣，不少學校裡也有二宮金次郎像。就是這個「幾乎每所學校都有」的銅像，爲傳說提供了基礎。

傳說這些小孩樣的二宮金次郎像，到了晚上會動起來。因爲他十分好學，所以還會跑去圖書館借書。除了去圖書館以外，他還會在操場上走。有些傳說則說二宮金次郎「會流血淚」。

日本的二宮金次郎校園怪談，有許多要素和臺灣的蔣公銅像校園怪談是共通的：除了晚上會動以外，還包括會走操場、會流血淚等。

圖片來源：NINOMIYA Kinjiro's statue, Kakegawa, Shizuoka Japan（維基共享資源）

可以說，只要有人像，就很容易產生「人像會動」之類的傳聞。除了銅像以外，日本還有「音樂教室的貝多芬肖像眼睛會發光」、「貝多芬肖像的眼睛會動、會看人」的校園怪談。臺灣相似的，則是「國父遺像的眼睛會動」、「國父遺像會流血淚」的傳說。

爲什麼會有這些傳說呢？這是因爲，人們對於「人像」十分在意。除了銅像有鬼故事以外，生物教室裡的人體模型、洋娃娃、布偶也是鬼故事經典主角。這些人像爲什麼會讓我們害怕？我們或許是這樣想的：這些物體都已經擁有人形了，會不會也擁有一些「其他東西」，比如……靈魂？

這樣的恐懼或許是人類共通的吧，而在臺灣跟日本，又有相似的校園空間。正是因爲校園裡存在著一堆銅像與肖像，可以讓這些人像怪談產生。日本因爲提倡勤學，而在許多學校裡放了二宮金次郎像，如此一來，「二宮金次郎」怪談才可以在不同學校之間流通。在這點上，臺灣可以說比日本更有潛力產生銅像怪談吧。

因爲蔣公「崩殂」之後，臺灣這塊島嶼上，矗立起了滿滿的蔣公銅像。

蔣公銅像之島——蔣公臉上笑容微妙的由來

仔細一想，「蔣公銅像會動」之所以可以既是軍中鬼話，又是校園怪談，是因爲「軍中跟校園裡同樣都有蔣公銅像」的緣故。甚至不只如此，公園、公家機關也很常見到蔣公銅像，臺灣基本上就是一個充滿蔣公銅像的島嶼。

爲什麼會有這麼多銅像呢？

蔣介石在一九七五年春天去世。同年夏天，內政部火速通過了《塑建總統蔣公銅像注意事項》，規定各縣市政府必須建造蔣公銅像，來表達對於先總統蔣公的「永恆崇敬」。

除此之外，這些蔣公銅像必須按照規定塑像：必須是立像（但是部隊跟學校可以造騎馬像，所以軍中跟政大的蔣公才有馬可騎），台座高度不得低於兩公尺，銅像高度不得低於一公尺七十公分。（身高部分沒有膨脹，蔣介石大概就這麼高，但台座會讓他顯得非常高）銅像周圍還要種花、保留空間，讓民眾來獻花瞻仰。畢竟是偉大的蔣公，瞻仰人潮肯定絡繹不絕，而且民眾說不定還會因爲痛失偉人而哭得死去活來，預留的空間正好讓他們縱情哭泣，這想法眞是太有遠見了。

不過《塑建總統蔣公銅像注意事項》也有相當神奇的地方，比如要求蔣公的神貌「應充分顯示 蔣公慈祥、雍容之神貌，並含蘊大仁、大智、大勇、堅毅、樂觀之革命精神，與至誠、博愛、愉快、生動之神情」。

一個表情要蘊含這麼多品德，太強人所難了吧！

這個注意事項直到二〇一七年才廢止，也就是說，我們現在看到的蔣公銅像，都是在上述原則下設立的。雖然我們可能覺得蔣公銅像的笑容有點微妙，但那可不是一般的微笑啊，是包含了大仁大智大勇的革命精神，跟至誠博愛愉快的生動微笑啊！

《塑建總統蔣公銅像注意事項》的神貌之所以荒謬，在於它太過鉅細靡遺。爲什麼要這麼鉅細靡遺呢？因爲它其實是在規定「人們應該如何記憶蔣介石」：無論蔣介石本人實際個性如何，人們都必須認爲他是慈祥博愛、堅毅至誠的。

按理來說，在正常的民主國家裡，人們可以自由選擇記憶領導人的方式。任何一個領導人都會有正反兩面評價，人們有權選擇要怎麼看他。但是《塑建總統蔣公銅像注意事項》，就是在跟人們說：你們只能記得蔣介石的正面形象，只能記得他的慈祥，不能記得他的殘酷。

因此就算蔣介石任內有殘殺上千人的白色恐怖，蔣公銅像依然是慈祥和藹的。

那麼，當蔣公銅像衍生出會動的鬼故事，這種「蔣公記憶」又產生了什麼改變呢？

當銅像產生靈異——是和藹可親，還是詭異恐怖？

靈異傳聞也是一種認知世界的方式，因此「蔣公銅像會動」傳說，其實也反映了人們對於蔣介石的理解。若是在戒嚴時期，這種傳說頗有褻瀆偉人的嫌疑，但解嚴後的一九九〇年代，威權的氛圍鬆動，「蔣公銅像會動」的玩笑也不算冒犯。

除了「換腳」的傳說以外，有的學校還有「蔣公銅像和大象溜滑梯」、「蔣公騎大象逛操場」的靈異傳聞。但無論是換手換腳，或是跑操場騎大象，蔣公都沒有害人。作爲校園怪談，「蔣公銅像會動」傳說也太無害了吧？

高雄楠梓國小曾經流傳過一個非常危險的銅像傳說。研究者謝佳靜曾經訪查過楠梓國小的校園怪談，學生們之間不知爲何流傳一個「國父銅像抓心臟」的傳說：「有一個人，半夜自己跑到學校。隔天，發現國父雕像抓著一個人的心臟，那個人死了。」

這個傳說很少見，但楠梓國小至少有三個小學生聽過。這個恐怖傳說透露了一種銅像傳說的可能性：校園怪談既然靈異，那就有可能恐怖。但是「蔣公銅像會動」傳說，居然多數時候一點都不恐怖。

整體來說，「蔣公銅像會動」傳說給人無害的印象。前面那位說傳說產生於一九九六年左右的退役憲兵，勸大家輕鬆看待蔣公靈異傳說：「再說蔣公又不會害人，而且韁繩拿了那麼久總是會痠，換換手也應該。」正是這種「蔣公不會害人」的預設，讓恐怖要素在蔣公銅像傳說裡難以出現。儘管也有人提到，覺得蔣公銅像「笑容詭異」，讓他「有點怕」。如果同時也存在這種感覺，但是流傳的傳說依然無害，那會不會是，有某種恐懼被壓抑了呢？

在蔣公銅像傳說出現的一九九○年代，也恰巧是解嚴之後，異質聲音開始出現的年代。我們最近幾年很常見到「蔣公銅像被潑漆」，但其實破壞銅像的行為，從一九九○年代就開始了。到了二○○○年民進黨執政時，「去蔣化」的意識更為強烈，這時也引起了「是否要撤除校園內蔣公銅像」的討論。政大《大學報》為銅像辯護，居然提到了蔣公銅像換腳傳說：

蔣公銅像對政大人而言意義重大，少了它，政大校內公車就會找不到停靠站。會計系學生陳韻帆說：「如果蔣公銅像被拆掉，我會認不得後山的路。」歷史系李佳若則問：「銅像如果被拆走，誰來守護男宿？」

蔣公就像是廿四小時守候著的舍監，深夜歸來的住宿學生，看蔣公就像在看爸媽，回到學校沒看到他都覺得怪怪的。如果若銅像拆遷，學生們再也不能徹夜不眠為了一睹「蔣公之馬換腳傳說」。

蔣公銅像居然被比為舍監、爸媽，簡直是親和到不能再親和，親出血緣關係來了。把「蔣公銅像換腳」傳說和這種親和描述擺在一起，就表示文章認為靈異傳說跟這種親和感是相契合的——騎的馬會換腳的蔣公，跟守候學生的蔣公，是同一個蔣公。

「蔣公銅像會動」傳說，就是「蔣公銅像所展現的蔣公形象」的靈異版。蔣公銅像本人「慈祥、雍容、至誠、博愛、愉快、生動」，「蔣公銅像會動」傳說也一樣「慈祥、雍容、至誠、博愛、愉快、生動」——蔣公銅像成功地控管了蔣介石的形象，直到今日，就連靈異傳聞裡，他還是一樣和藹可親。

而這一切，剛好跟歷史相反。

蔣介石的形象之所以和藹，是爲了掩飾他的殘暴。蔣公銅像傳說無害，它的主人可就不一樣了。白色恐怖時期無數政治犯被判刑，他們之中許多人本來不必死，卻因爲蔣介石的一己之意而失去寶貴性命。例如蘇瑞鏘的論文提到，原本只需吃五年牢飯的徐會之，被蔣介石批下「應即槍決可也」便喪了命。臺北師範學校學生陳正宸、醫師黃溫恭、新竹中學傅如芝等十二人，也因蔣介石的的意志而死。根據法律，總統並沒有這樣的權力，但蔣介石卻屢屢越權。常常是一案原本死刑五人，到了蔣介石手上，就成了死刑十五人。

覺得蔣公銅像和藹可親？如果這些死者都被遺忘了，那麼蔣介石當然可以和藹可親。

現代妖怪

最強當代新生妖怪：因「反墮胎」而生的「嬰靈」

「嬰靈」的典型故事通常是這樣的：一名女子身體虛弱，頻繁生病，她感覺有「什麼東西」在跟著自己，但卻不知道那是什麼。她去了醫院，卻找不出生病的症狀，因此她求助於寺廟。廟方問她，妳是否多年前曾殺生造孽？她才坦承，多年前年輕不懂事，曾經墮下腹中的胎兒。原來那名胎兒化作了嬰靈，始終跟在她身邊。因爲嬰靈懷抱怨念，因此害得母親身體虛弱，也害母親無法生育。這名女子後來開始供養嬰靈，嬰靈便不再作祟了，她也成功生了小孩。

你聽過這類故事嗎？如果聽過，你曾想過「嬰靈」在臺灣存在的時間有多長嗎？人們又是從什麼時候，開始相信嬰靈存在的？

幾千年前，還是幾百年前？

但其實答案是，幾十年。

嬰靈——
源自日本「水子信仰」，只有三、四十年歷史的新生妖怪

臺灣從一九七〇年代開始，出現了「嬰靈供養」的儀式。初期規模不大，但在一九八〇年代後半，「嬰靈供養」一夕之間開始流行起來。晚報上、公車上出現了觸目驚心的「嬰靈供養」廣告，鼓吹人們以三千元供養嬰靈，否則這些無法出世的嬰靈會在世間作祟，造成家庭不和。由於這說法十分聳動，因此也在報紙上掀起了討論。

一九八七年六月二日的《聯合報》報導，形容這是「詭異的『嬰靈』一詞初次在臺灣地區出現」，並且訪談了中研院研究民間信仰與宗教的學者劉枝萬。劉枝萬說：「嬰靈超渡的行爲抄襲自日本『水子供養』的習俗。」他指出，漢民族的民間信仰視早夭嬰兒爲「討債」的結果，並不紀念追悼。因此「嬰靈供養」之所以會在臺灣興盛，是「廣告時代下宗教商業化的成績」，也是「墮胎普遍化及所伴隨而來罪惡感難以消除的表現」。

同一篇報導也提到了佛教的觀點。《聯合報》採訪的華嚴蓮舍成一法師說，他未曾在佛經裡見過「嬰靈」二字，當然也沒有所謂的「嬰靈作祟」之說。佛家講因果輪迴，胎死腹中也是胎兒自己的「短命報」。既然是胎兒自身的厄運，也就無意危害家人。

圖片來源：水子地藏。亡くなった胎児を回向するために建てた地 菩薩像（維基共享資源）

因此，無論宗教研究者或是佛教徒，他們都反對「嬰靈供養」。但是「嬰靈供養」的寺廟，卻總是假借佛教的術語來包裝他們的概念，因此使佛教界人士相當不悅，佛教徒甚至爲此舉辦講座、走上街頭。

這樣看來，嬰靈初入臺灣之時，其實引起了許多宗教界人士的反彈。那麼爲什麼到了如今，多數人都對於「嬰靈供養」沒有懷疑，而部分佛教或道教的宗教界人士甚至成爲「嬰靈」之說最強而有力的支持者。這之間是發生了什麼事？

這一切都要從一九八〇年代的臺灣開始說起。

嬰靈是宗教斂財的結果

「嬰靈供養」源自日本的「水子供養」。日本的水子供養也經歷了「宗教商業化」的過程，並在一九七〇年代到一九八〇年代達到高峰。但是日本與臺灣的民間習俗畢竟不同，外來的習俗要在臺灣落地生根需要適合的土壤，「水子供養」必然在當時切合了臺灣社會的需求，因此才能被廣爲接受。

研究臺灣嬰靈的 Marc L. Moskowitz 也觀察到，臺灣的「嬰靈供養」出現在一九七〇年代。在他所進行的田野調查中，一九六〇年代尚未存在嬰靈供養[1]。在一九八〇年代的報導中，「嬰靈供養」是由特定某幾家寺廟所主導。一九八七年被形容爲「觸目驚心」的嬰靈供養廣告，來源是新店山區的某一家寺廟。一九九〇年佛教徒舉辦大遊行，抗議的是「臺北市漢口街辦理嬰靈供養的慈悲精舍」。這說明了「嬰靈供養」的寺院已經越來越多，但範圍依然有限，尚未像現在一樣遍及全臺。嬰靈概念的普及，除了與一九八〇年代觸目驚心的嬰靈廣告有關以外，在那之後，爲嬰靈之說推波助瀾的雜誌、靈異節目，應該也造成了不小的影響。

象徵反墮胎的妖怪，居然誕生於墮胎合法化之後？

爲什麼嬰靈之說在一九八〇年代傳開？那時候臺灣的狀況是什麼樣子呢？

這跟臺灣的「墮胎合法化」脫不了關係。

一九八四年，臺灣通過了《優生保健法》，被視爲「墮胎合法」的里程碑。中華民國的刑法原本有「墮胎罪」，而《優生保健法》第三張第九條的內容，讓婦女可以基於「心理健康」而墮胎，不必因此入罪。（值得一提的是，已婚女性墮胎仍須經過伴侶同意，因此並非完全自由）

《優生保健法》此條爭議甚大。因此《優生保健法》通過之前，掀起了廣泛的討論。反對派認爲臺灣婦女的墮胎情形已經十分嚴重，一旦墮胎合法化，那麼可能會造成性氾濫，更多婦女選擇墮胎、無辜胎兒因此受害……這些反對派雖然聲浪不小，但終究是少數。一九八四年四月，《優生保健法》尚未通過之時，華視的電視 call in 節目曾接到七百

1 Marc L. Moskowitz, *The Haunting Fetus: Abortion, Sexuality, and the Spirit World in Taiwan.*

多通來電。其中贊成者達百分之七十四，反對者只占百分之十七。這些電話有八成都是女性打的。從這次的電話民調中可以知道，當時支持墮胎合法的民眾仍占大多數。

但《優生保健法》的通過卻產生了一個弔詭的結果：**儘管「墮胎罪」在法律的層面上消失了，代表著「墮胎的罪惡感」的嬰靈信仰，卻在想像層面逐漸成形**。儘管墮胎合法了，整個社會的想法還沒能跟上，因此人們疑惑：「沒有法律規定了，就可以自由墮胎了？」

這件事讓人感到可怕。**所以，可以撫慰焦慮的「嬰靈超渡」，就這麼符合人們需求地流傳開了**。

新的妖怪就這麼誕生了。

嬰靈被稱為「嬰靈」其實是個錯誤，這個錯誤傳達了什麼？

「嬰靈」指的是「未出世的胎兒所化成的鬼魂」，按理，流產胎兒也可能形成嬰靈。但是嬰靈論述所預設的情境，卻總是「人工流產」催生了嬰靈。他們形容嬰靈是被「墮胎殺害」，這些墮胎婦女是「殺死自己的兒女」。

「墮胎＝殺人」這一認知不盡然真實。首先，它預設了「胎」等於「人」。但是「人是從什麼時候開始變成一個人的呢？」是一個哲學問題，而這個問題的答案，也可能隨著時空而改變。至少在清朝或是日治時代，甚至是戰後初期的臺灣，「墮胎＝殺人」的理解並不普遍。但是在一九八〇年代以後的臺灣，「墮胎＝殺人」的說法卻是嬰靈信仰的基礎。按理，「殺害」這個詞只能用於完整的生命體，例如被生出來的嬰兒——用來形容腹中尚

未成形的胎兒，恰當嗎？

事實上，「嬰靈」這個詞本身就展現了語意上的矛盾。Marc L. Moskowitz 討論臺灣嬰靈信仰的專著 *The Haunting Fetus* 將「嬰靈」翻譯爲 "Fetus ghost"，意思是「胎靈」。這有助於我們發現一個盲點：**「嬰靈」指的實際上並非死去「嬰兒」的鬼魂，而是「胎兒」的鬼魂。嬰靈不只借用了嬰兒的詞彙，還借用了嬰兒的形象：嬰靈總是以嬰兒的面貌出現，而不是胎兒的面貌。**胎兒實際上很可能面目模糊、手腳形狀也還不清晰。但嬰靈的形象卻常常是五官與身體輪廓清楚的，比起胎兒，更像是嬰兒。

因為嬰靈信仰借用了嬰兒的形象來理解胎兒，這讓人們忽略了胎兒與嬰兒的差距，而將胎兒與嬰兒同樣視為「完整的生命」。但很顯然地，還未出生的胎兒離「完整的生命」還有一段距離——既然如此，那麼「墮胎」與「殺嬰」當然就不是同一件事。**嬰靈借用了「嬰兒」的形象，在於企圖把「墮胎」等同於「殺嬰」**。那麼一來，人們就可以光明正大地指責墮胎婦女「妳殺了人」。儘管實際上並不是這麼一回事，墮胎婦女仍必須背負等同於殺人的罪惡感。

嬰靈為什麼幾乎只找媽媽，不找貢獻一半基因的爸爸？

傳聞中的嬰靈幾乎只纏母親，會去進行嬰靈供養的也多半是女性——為什麼嬰靈只跟女性有關？

在討論墮胎問題時，也幾乎只討論女性。例如臺灣媒體在一九九七年後很喜歡討論所謂的「九月墮胎潮」，而聚焦對象多半是那些在開學之後，去醫院祕密墮胎的青少女。這個議題完全是被炒作起來的，但卻能被臺灣社會所接納，說明在懷孕議題上，年輕女性還是焦點。

但明明無論是什麼年齡的女性，其懷孕過程必然都有男性參與其中，但是這些男性卻鮮少有機會為墮胎負責。嬰靈信仰所反映的性別觀也是如此。**即便男性也參與了性事，或是參與了墮胎的決定，要承擔罪惡感的卻往往是女性。**

墮胎是多種因素影響的結果，罪惡感卻只由女性承擔

在一樁墮胎的案例中，影響女性墮胎的因素可能是方方面面的。例如女方身體狀況不適合生育，或是女方由於強暴懷孕不想生育、伴侶收入無法養育兒女、家人無法提供足夠的經濟支援、女方顧慮到社會眼光而選擇不生、職場環境對於懷孕婦女並不友善……實際上懷孕女性周邊的伴侶、親友、工作環境，乃至整個社會，都會對於「懷孕女性是否墮胎一事」造成影響。**但把這些方方面面的因素歸納於女性個人，並且讓墮胎女性一人承受所有罪惡感，這完全是一種性別歧視。**

況且，由於嬰靈傳說的某些特質，會很容易讓墮胎婦女相信嬰靈之說。例如傳說「嬰靈會跟在墮胎婦女身邊好幾年」，因此「嬰靈纏身」可以用來解釋長時間的疾病或不順遂。墮胎婦女就算在五年、十年後才遭遇疾病，她們還是有理由相信身體虛弱是嬰靈所害。此外，對於墮胎懷抱罪惡感的婦女，在墮胎後的心理陰影也更強，更有可能因為心理狀況而疑神疑鬼，甚至導致身體不適。這時候，脆弱的她們又更有可能相信，這是由於嬰靈作祟的緣故。

儘管現在已經有新聞報導男性去超渡嬰靈，或者也有嬰靈故事描述男方被嬰靈纏身，

但整體來說，女性依然被認爲應該爲此負責。爲什麼總是女性？這和臺灣的社會風氣有什麼關係？

外來的嬰靈如何融入臺灣？漢人的家庭想像與貞操觀念

嬰靈供養抄襲自日本的「水子信仰」，初引入臺灣時還引起了一些反彈。但是直到現在，要是上網一查，隨便都可以看到好幾篇講述「嬰靈眞的存在」的文章，文章言之鑿鑿，多半使用佛教術語，例如說墮胎婦女「犯殺生、淫邪之罪」……這些說法看起來實在是太像佛教既有的說法了。**由於佛教本來就視「殺生」與「淫邪」為罪惡，嬰靈一旦被包裝為「因年輕男女淫慾而被殺害的無辜生命」，便能藉著佛教術語迅速推廣**。佛教的傳播在臺灣有長久的歷史，大眾雖然不全是佛教徒，但對於佛教的基本概念都十分熟悉。但也正是因爲大眾的熟悉十分有限，雖然知道不該殺生、淫邪，但卻不知道嬰靈本非佛教所有。因此，借殼上市的「嬰靈」之說，正好利用了這種有限的所知，取得了大眾的相信。

此外，嬰靈的論述也承載了臺灣社會的特定焦慮。以下兩段文字，都是嬰靈論述中的常見說法：

「由於社會道德觀念日漸低落，時下的青少年，年紀輕輕便偷嘗禁果，然後意外懷孕，至於成年人，更追求二人世界，所以，墮胎已被看成避孕失敗的唯一解決辦法。」

「當今社會，物慾橫流，道德淪喪者比比皆是。不少青年女性水性楊花，隨便與人同居或爲第三者，懷孕後又極不負責，任意墮胎，害人害己。」

從這兩段文字都可以發現，**「墮胎」實際上已經與「性的罪惡」緊密相連**。因爲有了罪惡的性，所以導致了罪惡的墮胎。「墮胎」行爲頂多表示「懷孕婦女現在所處的環境不適合生育」，**但墮胎論述卻往往推測，那個不適合生育的環境就是「不穩定或非正當的性關係」**。但實情很可能並非如此，已婚夫婦也可能基於生涯規劃或經濟因素選擇墮胎，不只是爲了「兩人世界」。這種譴責反映了對於家庭的保守想像：**只有適合生育的家庭才是好家庭，不願意生育的家庭都是「不負責任」的壞家庭；只有承擔生育責任的女人才是好女人，迴避生育責任的女人則是壞女人**。

此外，「嬰靈」的反墮胎敘事主要針對的族群，可說是「未婚的年輕女性」。這和報紙喜歡討論「九月墮胎潮」、傾向譴責那些「偷嘗禁果的青少女」的狀況類似——**譴責墮胎只是表徵，這些人真正想譴責的，是「未婚年輕女性發生性行為」一事**。只是譴責需要理由，而墮胎的後果提供了譴責的理由。

這種譴責，換另外一種方式看，就是漢人傳統文化中的「貞操」觀念。

嬰靈因爲切合了墮胎的罪惡感而廣爲流行，而人們對於「墮胎有罪」的理解，又結合了佛教既有的「殺生」觀念，和漢人傳統倫理的「貞操」觀。

「九月墮胎潮」是一九九七年開始炒作起來的，這說明了到一九九〇年代後半，臺灣社會對於「青少女未婚懷孕」一事還是有著強烈焦慮。在各種嬰靈論述中，也常見對於臺灣今日「道德淪喪」的指責。這時的臺灣社會在性觀念、醫療技術、法律等方面都有重大進展，但這些進展對於保守派而言，卻代表著他們所信仰的「倫理道德」價值正在流失。

嬰靈供養是提供情感出口，還是增強罪惡感？

嬰靈是成形於當代的妖怪傳說。儘管它最初是被創造出來的，但是作爲當代的謠言，嬰靈傳說已經符合「都市傳說」的定義：都市傳說是當代的鄉野奇譚，且往往反映了當代的某些焦慮。實際上，「青少年男女的性開放」也是不少都市傳說的主題。例如美國的都市傳說「鉤子」的主角，就是在車上親熱的年輕情侶，而他們隨即遇上了危險。研究者認爲這個主題反映了「女性對約會的焦慮」。都市傳說總是需要已存在的某些焦慮才能流傳，就這點而言，嬰靈傳聞只是利用了《優生保健法》通過後日益強烈的墮胎焦慮。

那麼嬰靈供養的存在，究竟是好是壞呢？

研究者在討論到日本的水子供養時，會認爲它提供墮胎後脆弱的女性情感性的出口。由於社會上普遍存在對於「墮胎」的禁忌，因此女性在墮胎之後，可能無法向家庭尋求協助，也無法開口和朋友討論。嬰靈供養或許也提供了這種情感性的撫慰。但是如今距離墮胎罪惡感強烈的一九八〇年代末，已經過了三十年，雖然墮胎的罪惡感依然存在，但比起當日，應當減輕了許多才對。也因此，對於嬰靈供養這種心靈撫慰手段，需求性也降低了不少。

若是我們可以選擇更為健康的方式，營造出更為開放的社會環境，讓墮胎婦女不必懷抱愧疚、也不再孤立無援，到時候，嬰靈供養失去市場，必然會逐漸萎縮、消失。

但那樣的未來不會毫無疑問地到來，它也可能在轉瞬之間被輕易摧毀。二〇一九年，具基督教背景的「Shofar 社區轉化聯盟」開始在臺灣推動「人工流產應於妊娠八週內施行」的公投案。這一法案大幅限縮婦女的墮胎權，可說是「反墮胎法案」。雖然此法案目前被中選會駁回，但顯現反墮胎勢力依然蠢蠢欲動，難保未來不會捲土重來。屆時，體現「墮胎罪惡感」的嬰靈，又可能會被拿來恐嚇原本無需懷抱罪惡感的婦女。如此，藉著一代代地傳遞墮胎罪惡感，嬰靈就會持續在世間作祟。

「魚肉好吃嗎？」開口說話的人面魚

根據龍潭鄉某鄭姓鄰長轉述，今年（民國八十四年）四月上旬某日，嘉義民生社區有對年輕夫婦（男的以道士為業）與住在臺南的另對夫婦及住在甲仙的三十四歲陳姓男士，五人相偕至高雄岡山的溪邊烤肉釣魚，並順便遊覽。

五人當天開車到達岡山溪邊後，即由陳姓男子負責釣魚的工作，約莫到了黃昏時段，陳釣上一尾約四公斤多的吳郭魚，並立即烤食。

正當大家吃喝得正高興的時候，突然有人聽到一老太婆口操臺語的聲音說：「魚肉好吃嗎？」

經查並沒有人說這句話。

在此時，五人又同時聽到「魚肉好吃嗎？」這句話。追查聲音來源，竟看到烤熟的魚嘴正一張一合地開口說話了，大夥兒嚇得五臟六腑逆轉，其中三人吃下的東西全都一股腦兒吐了出來。

情況相當特殊，於是有人便拿起相機對準這條魚照了照片。

當天嘔吐的三人立即被送往醫院治療，在醫生查看病情的過程中，三人還信誓旦旦地告訴醫護人員所看到的異象，但被斥為無稽之談。

第二天，怪異的事情又再度發生，原先負責釣魚的陳姓男子，竟在睡眠中離奇死去，死時年僅三十四歲。相驗時，遍尋不著死因，只得開具死於「心臟痲痺」的死亡證明書。而以道士為業的這名嘉義人，聞訊後嚇得自行跑去收驚。

照片沖洗出來的那天，把大夥兒都嚇了一大跳，魚身上被筷子夾過的部分，竟浮現出一張老太婆的臉，有眼、鼻、嘴，歷歷在目，看了令人心頭一驚。

——網路上流傳的一九九五年報紙報導

「魚肉好吃嗎？」

沒想到如此簡單的一句話，可以讓全臺灣人嚇到不敢吃魚，讓吳郭魚價一公斤大跌十元、運銷量淒慘折半；讓養魚業者叫苦連天，讓政府出面澄清，勸大家不要相信沒有科學根據的靈異傳聞——雖然聽起來很荒謬，但這件事真實發生在一九九五年的臺灣。應該沒有其他任何一起靈異傳聞，直接造成這麼慘重的商業損失。難怪一講到臺灣的都市傳說，必然會有人提到「魚肉好吃嗎？」。

這是轟動全臺的「人頭魚事件」。這起傳聞，當時是怎麼流傳的呢？

報紙報導，讓「人頭魚」從傳聞變成新聞

一行五人到溪邊釣魚，其中一人釣上來一尾四斤多的魚，眾人馬上把這條魚烤來吃。就在吃魚時，聽到烤熟的魚發出老婆婆的聲音，問：「魚肉好吃嗎？」眾人嚇得把口中的魚肉吐出來，有人馬上對著那尾吳郭魚拍了照。其中一人，隔天就在睡夢中因不明原因死去。當時拍下的照片日後沖洗出來，赫然顯現出一張人臉。

《自由時報》桃園地方版一九九五年八月十一日報導了這起「人頭魚事件」。在那之後的一週，《中國時報》有一篇〈吳郭魚被抹黑，市場長黑〉的報導，講到因爲人頭魚傳聞的影響，吳郭魚價格從一公斤四十五元大跌到一公斤三十五元，運輸吳郭魚業者經手的運銷量，從一日一萬公斤腰斬到五千公斤。臺南縣政府農業局不得不發新聞澄清，說人頭魚之事「並無任何科學根據」，勸大家不要盲信。

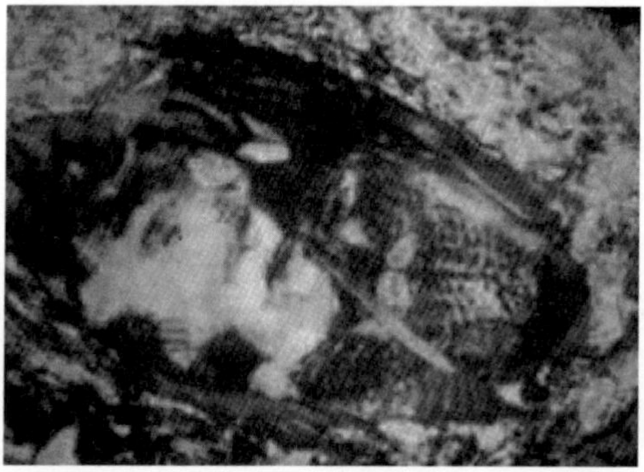

圖片來源：玫瑰之夜 x 鬼話連篇 x 人頭魚完整版(魚肉好吃嗎)https://www.youtube.com/watch?v=AnRiMGdeLsc

當時最著名的靈異節目《玫瑰之夜》「鬼話連篇」單元，在九月九日討論了這起「人頭魚」事件。一向談鬼說怪的靈異節目，這次難得地採取了理性的闢謠立場，分析了吳郭魚的大小，並請上節目的漁業局專家曹宏成根據大小估計重量。結果是，人頭魚本魚並不是傳聞中的四斤大魚，只是市面上常見的兩斤中魚，因此傳聞中那些強調「人頭魚很大隻」的描述都是錯誤的。除此之外，攝影暗房專家也持相似立場，他說由於照片經過多次翻拍已經失眞，失去了原始照片上的烤魚細節，人

們也就更傾向把它認定爲人臉。**而且，人類有將圖像資訊組合成人臉的能力，正是因此，讓人們在魚肉上看到了人臉。就連最怪力亂神的靈學專家，也說「我覺得照片上沒有靈魂**」。

當紅靈異節目帶頭闢謠，簡直是爲了眞相放下「靈異節目」的身段。儘管如此，人頭魚的風波並沒有因此止息，不如說，反而因此流傳更廣。到了九月二十四日，《中國時報》報導裡還是可以見到釣魚場的慘況：由於釣客怕釣到會說話的魚，釣魚場走了六成客人，有時淒慘得連個人影都沒有，而僅存的釣客，也會在有人釣到吳郭魚時揶揄他：「魚會說話嗎？」

「人頭魚」照片眞相的推測

造成轟動的新聞是在一九九五年八月刊出，但「人頭魚」的照片與傳聞，前一年十二月就開始流傳了。《玫瑰之夜》從一九九四年底就開始收到人頭魚的照片，到了五、六月更是密集，不過傳聞細節都不統一，地點從屏東、高雄、嘉義到臺南都有，人數也有三人、四人、六人之說。

唯一相同的，是那張解析度不一的人頭魚照片。《玫瑰之夜》找到原始照片，照片的日期是一九九四年十二月三日，也就是說，在照片拍下沒多久，「人頭魚」傳說就開始流傳了。《自由時報》一九九五年八月的報導，只是讓這個傳聞變得更具權威性。當初的記者蔡立楷，後來二〇一〇年的部落格文章裡說明報導的始末：他五月時打聽到一位鄰長家有「人頭魚」的照片，三個月後報紙的「社會萬象」（講述地方趣聞的欄位）輪到他發稿，時值中元節，他便決定撰寫「人頭魚」傳聞，去跟鄰長要了那張照片。原本他在新聞前寫了一段導言，立場模稜兩可，請讀者自行判斷傳聞眞僞。然而這一段被副總編刪去，刊登時導言全成了強烈的肯定寫法。正是這種寫法，讓「人面魚」爆炸性擴散。

換言之，雖然「人頭魚」出自新聞報導，證明它似乎是「眞的」，但實際上，連當初報導的記者本人都持保留態度，而他所刊載的欄位，本來就容許遺聞軼事。《玫瑰之夜》提到傳聞版本眾多（都是來自中南部國小學童），這有可能是因爲，「人頭魚」原本就只是傳說，而沒有「眞相」。除此之外，當年《美華報導》雜誌編輯陳淑芬，是在《自由時報》後第二個做深度報導的人，但是她說，她當時並沒有找到當事人。

她的說法出自二〇一三年台視的《熱線追蹤》，那集節目還做了一個有趣的嘗試：由於魚肉出現人臉的原因，很可能是因爲鋁箔包打開以後魚皮剝落，露出的白色魚肉，構成了人臉的區塊。人臉的五官線條，則是和魚肉一起煮的辣椒等食材。所以《熱線追蹤》重構了這個現場，發現魚確實會形成不規則圖案。而在一九九〇年代有限的攝影條件之下，應該更容易拍出模糊的人臉。

容我們設想一下眞實情況吧。

某天，一群人在溪邊吃著烤魚，這時突然有人說：「欸，你們不覺得魚肉這個樣子，看起來很像一張人臉嗎？」其他人順著他的角度看去，確實覺得滿像的，連連驚歎。其中有一個人，拿了出遊玩時帶上的相機，把這個畫面拍了下來。回家以後，他把照片沖洗出來，感到這張照片眞是深具靈異潛力，很值得一個有趣的好故事——

後來的事我們就知道了，這張照片的靈異潛力被發揮得淋漓盡致。

從「人頭魚」到「人面魚」，和日本「人面犬」有關嗎？

一九九五時，「人頭魚」傳聞在報紙、電視、口耳之間流傳，待網路出現後，它也進入了網路。而在網路上，「人頭魚」傳聞的經典版本，大概要數「網路追追追」小組二〇〇四年十一月所寫〈網路追追追/會說話的魚？人頭魚事件報告〉和〈網路追追追/人頭魚事件簿（2）——當年雜誌怎麼寫？〉兩篇文章。就是在這兩篇文章中，附上了《美華報導》的彩色高清人頭魚照片，以及新聞的內容（就是文章開頭那一大段）。這兩者，都爲「人頭魚」的網路流傳提供了素材。

不過這兩篇二〇〇四年的網路文章還提供一個線索，那就是，**那時候「魚肉好吃嗎」這個事件，還叫作「人頭魚」，不叫「人面魚」**。

我聽說時，「魚肉好吃嗎」就已經被稱之爲「人面魚」了，後來二〇一八年上映的《紅衣小女孩外傳》也使用了「人面魚」之名。如今已經沒有什麼人在用「人頭魚」一詞了。我一度以爲，「魚肉好吃嗎」就是「人面魚」——因此知道它原本被稱爲「人頭魚」時，我非常訝異。

「人頭魚」怎麼變成「人面魚」的呢？

可能是在二〇一〇年之後，出現了某幾個「人面魚」的版本，經過人們的選擇，「人面魚」成了現在的主流稱呼。而這個選擇，有可能跟日本的「人面犬」系列怪談有關。

日本一九八九年有「人面犬」的怪談：有人在高速公路上開車，居然有一隻狗跑得跟車子一樣快。那隻狗回過頭來，牠的頭長著一張人臉。

當時「人面犬」的怪談大爲流行，因此出現了其他「人面怪談」，其中就包括山形縣的「人面魚」。臺灣一九九五年出現的「人頭魚」，不一定是源於日本這些「人面怪談」，**但是「人頭魚」之所以會演變成「人面魚」，倒是很有可能跟人面犬有關。**否則繼續叫「人頭魚」就好了，爲什麼要叫「人面魚」呢？

「人頭魚」的啓示——照片是眞相嗎？吃魚殘酷嗎？

讓「人頭魚」風行的原因，或許和臺灣人的飲食習慣有關。

二〇〇四年的〈網路追追追／人頭魚事件簿（2）——當年雜誌怎麼寫？〉一文，轉述了一九九五年《美華報導》的內容：「據報導，玫瑰之夜的節目總監楊琴伶，有一天去素食餐廳吃飯，無意間就發現餐廳也在傳閱這張照片及文字，上面還強調拿到的人要趕快影印傳閱，不然就會有大禍臨頭。」

「趕快傳出去，否則會……」是常見的連鎖信手法。這個段落有趣的是，傳閱照片的是「素食餐廳」。我們不難想像，素食餐廳會用什麼角度解讀「人頭魚」：「魚開口說話是因爲魚有靈魂，所以殺生不好，人應當吃素……」等等。人頭魚傳說的核心是「魚肉好吃嗎？」這一幕，這個情境透露了什麼呢？被吃的魚譴責了吃牠的人，被殺者譴責了殺生者。這暗示了「煮魚來吃」是不當的事，所以人被譴責時，才會需要害怕。

這或許表示，臺灣人對「殺生」還是比較慎重的。這也反映在臺灣的素食人口上，臺灣是全球素食人口比例第二高的國家，高達10%，僅次於印度——**臺灣素食人口眾多，跟臺灣人自覺有愧於「人頭魚」，背後或許都是一樣的心理吧**。

另一個造就「人頭魚」流傳的原因，是因爲媒介。我們現在已經很難理解，一九九五年的人們會因爲一張照片而不吃吳郭魚。**但這是因為，當時的媒介感覺和現在完全不同**。我們現在修圖非常容易，甚至因爲太過容易，「照片有修圖」已經是預設值了。但那是一九九五年，**多數人還不知道修圖為何物，照片意味著「真實」。那麼當照片上出現了難**

以解釋的畫面時，很可能是因為照片拍到了某種「另一個世界的真實」。

一九九〇年代的靈異節目很喜歡分析所謂的「靈異照片」。那些靈異照片，往往都是因爲某一塊的圖樣很像人影或人臉，而被認爲是「不小心拍到幽靈」。這種「靈異照片」的認知深刻到什麼程度呢？當時我雖然還很小，但確實曾經在拍照以後，擔心照片「洗出來後會不會有幽靈」（因爲通常接下來，照片中人都會遭逢厄運）。

「在照片上能看見靈異」是一九九〇年代的共同想像。「人頭魚」照片因爲人臉的完成度很高，得以完美地滿足這個想像。也就是說，**鬼怪都是我們親手打造的**。「人頭魚」的成因很好地說明了這件事：**因為人腦善於辨識人臉的機制，所以人類在平凡無奇的魚肉上看到了「人臉」。然後，又因為一九九〇年代的人們相信「照片上能看見靈異」，所以在平凡無奇的人頭魚照片中，「發現」了靈異的妖魚**。如果沒有後面一個階段，就算人頭魚照片再像人頭，它也只是一張有趣的照片，並不會讓人感到恐怖。但是當它被放到一九九〇年代談鬼說怪的時空，一切就不一樣了。

人頭魚不是「本來就是」靈異照片，是人類為自己親眼創造了靈異。

是都市傳說還是靈異事件？
紅衣小女孩眞假之謎

幾年前轟動臺灣一時的紅衣小女孩！！
真人真事轟動臺灣的紅衣小女孩
（內有影片）

影片來源：紅衣小女孩原始V8（https://www.youtube.com/watch?v=KeS4XmA7Y2c）

聽說是真的事件～很轟動的臺灣紅衣女孩～
不敢看的千萬不要看！

事件是發生在一九九八年三月左右的臺中郊區大坑風動石那邊。

某日中午左右一個家族，好幾個成員都到大坑風動石那邊玩耍，就在過程之中有人拿出V8將家中成員一一拍下，回來之後也就不甚在意，所以沒將所拍攝的帶子拿出來看。一直到不久之後，當天一同去玩的某先生突然過世了，就在辦喪事的時候，有人想起在大坑所拍的帶子有拍到往生的那位先生，於是就拿出這卷帶子看

一看之下才發現那天到大坑去玩的家族成員之後，竟然跟著一名臉色鐵青、走路輕飄飄、穿著紅色衣服的小女孩。而且那小女孩的雙眼始終被一片陰影給遮蔽。

但是那天一同去玩的人，沒有一個人想起那天曾經看過這樣的一個紅衣小女孩。

更巧的是，影片之中那位往生的先生在笑的時候，口中竟然出現類似獠牙的東西。

但是整個影片之中讓人感覺最不好的，還是那名穿著紅色衣服的小女孩。

但是之後一直有流言說，這卷帶子是假的。

不過，我相信是真的。

第一、因為說假的人始終拿不出證據，都只用「聽說……」之類的話帶過。

第二、這卷帶子牽涉到一位已往生的先生，沒有人會拿往生者開玩笑。

第三、影片拍攝者與其家族也曾親自接受訪問證明不虛。

第四、幾乎所有的接受訪問的法師看了之後都說這不是好東西。

第五、你自己看了就知道。

第六、至於有人說那只是住在那邊的人，我說這也是可能的。

有些山魈魍魎之類的會借活人的形象來活動，外表看起來和活人一樣，甚至於可能就是你認識的人，但是事實上卻是另一個空間的靈體。

紅衣小女孩事實上很可能就是那邊的魍魎之類的，借了個小女孩的形在動。只是臉上的那股妖氣，還有那詭異的舉動，是怎麼樣也藏不住的。

——二〇〇〇年代，流傳在網路上的「紅衣小女孩」事件始末只要提到臺灣的都市傳說，十個臺灣人之中，大概會有十一個人說「紅衣小女孩」吧——因爲連「不是人的」都會回答「紅衣小女孩」。畢竟紅衣小女孩可是臺灣最有名的恐怖ＩＰ，有名到被選爲電影《紅衣小女孩》主軸。在各大「臺灣都市傳說排名」中，紅衣小女孩是永遠的第一名，如果只能選擇一個代表性的都市傳說，彷彿一定得是紅衣小女孩。因此就算我其實並不喜歡紅衣小女孩，也不認爲紅衣小女孩是都市傳說，我還是得談談關於它的一些爭論。

紅衣小女孩是都市傳說嗎？

「紅衣小女孩」出自一九九八年的一段Ｖ８影片。三月時，一戶姓呂的家族前往臺中大坑風動石步道爬山，呂先生用Ｖ８拍下了家人出遊的畫面。但在回來後沒幾天，呂先生的姊夫突然病倒死去。一年半後，呂先生找出影片，發現影片中有一個看起來十分詭異的紅衣小女孩，因此致電八大電視台靈異節目《神出鬼沒》。《神出鬼沒》大約是在二〇〇〇年春天播出了這支影片，由於十分轟動，又製作了一集後續節目。這集後續現在可以在網路上看到，《神出鬼沒》後續節目驗證紅衣小女孩到底是人是鬼，他們訪查了附近居民和國小學童，由於附近居民都不認識這名小女孩，加上有一位陳先生聲稱他見到紅衣小女孩，並且在那之後運勢不順，節目因此導出了「紅衣小女孩屬於異空間」的結論。

這就是「紅衣小女孩」出處的全部了。如果你一路讀來，你會發現本書中其他都市傳說，它們的起源都很難找到。只有「紅衣小女孩」的起源如此單一、明確。

都市傳說是「傳說」的一種，其內容是「人們信以爲眞的故事」，傳播方式是「人與人之間的自發流傳」（並非由特定作者或媒體所發布）。由於傳播極大地仰賴自發流傳，所以都市傳說的來源通常難以追溯。而且在流傳的過程中，傳說也會出現各種變體，例如「人頭魚」的發生地遍布屛東到嘉義一帶、「盜腎傳說」有許多後續加入的情節……這都是傳說的特質。但是以《神出鬼沒》的「紅衣小女孩」本身而言，它是具爭議的「靈異影片」，但不是都市傳說。

儘管因爲現在的媒介環境有變，電腦網路的發達使文字十分容易複製貼上，所以網路時代的傳說，地點、人物的變異已經不像口頭時代那麼多。但是無論是口頭或者是文字傳播，傳說的載體都是「語言」。傳說是「語言構成的故事」，因爲故事本身的情節很有趣或驚悚，所以才能刺激人們傳播。也是因此，所以我們可以藉由傳說的主題跟情節，來分析人們爲什麼被刺激到——但是「紅衣小女孩」之所以「恐怖」，是因爲影像，並非因爲情節。要像前面的文章一樣分析「紅衣小女孩故事」令人感到恐怖的原因，註定是徒勞無功的。**因為它的恐怖，就是訴諸最直觀的視覺，而非語言與想像**。

如果「紅衣小女孩」的故事，脫離影片依然可以獨立存在，並且故事本身還能引起人們熱議，那我們可以將它納入都市傳說的框架下討論。因爲那代表故事本身乘載了某種情感，足以刺激人們自發傳播。例如「華航空難靈異錄音」就是如此。

但是在我檢索到的早期流傳版本中（二〇〇四年的論壇討論），就已經夾帶紅衣小女孩的影片。不過那時的影片只有短短十一秒，現今常見的一分鐘版本，是Youtube上的《靈異！！～紅衣小女孩Ｖ8—完整版網路再現絕對詭異超驚悚！！！！！保證絕無僅有！！！》。它上傳時間是二〇〇七年，如今觀看次數高達三百二十萬——恐怕在那之後多數想了解「紅衣小女孩」的人，都看了影片。在這樣的情況下，人們分享「紅衣小女孩」時，到底是分享故事本身，還是分享一段驚悚的靈異影片呢？

「紅衣小女孩作假」傳言

儘管「紅衣小女孩」本身並非都市傳說。但是「紅衣小女孩」討論中的某個陳述卻是都市傳說，那就是「紅衣小女孩作假」傳言。

大約在二〇〇三年起，網路上流傳著「紅衣小女孩作假」的說法。《神出鬼沒》的某位忠實觀眾甚至寫信去八大電視台詢問，八大電視台否認了作假之說。這封信也在網路上傳開，但「作假」傳言並沒有因此停歇，仍然流傳著「八大電視台公開道歉，承認捏造紅衣小女孩」、「『網路追追追』已經破解了，是假的」的說法，甚至有人說有看到「製作節目出來道歉的新聞」。實際上並無此事，唯一一個相關的新聞，是民視曾經說過「臺北市政府跨年晚會外賣米粉湯的女子，就是靈異節目的紅衣女孩」。但這說法經不起檢證，因此很快就發現是假的。

爲什麼存在這麼多「紅衣小女孩作假」的傳聞呢?

關於紅衣小女孩的討論，全都圍繞在「紅衣小女孩到底是人是鬼」上。但之所以存在「紅衣小女孩作假」的傳聞，就表示有很多人「想要相信紅衣小女孩是假的」、「覺得靈異節目欠我們一個道歉」。這很合情合理，因爲就算現有資訊全部屬實，那離「紅衣小女孩是鬼」的結論，依然有很長一段距離。在我看來，靈異節目是在證據不足的狀況下做了過多的推論，故意引導大眾的認知。

我們先假設「Ｖ８影片中的紅衣小女孩只是一個經過的路人」好了。是什麼阻止我們這樣想？

「紅衣小女孩不是人」的主張，主要根據於以下兩點：

1. 找不到紅衣小女孩本人。
2. 紅衣小女孩動作詭異、面色青白，看起來像鬼。

首先，「找不到紅衣小女孩本人」其實非常合理。呂先生這段Ｖ８影片是一九九八年三月拍攝的，但到一九九九年十月，他才發現這段影片。而《神出鬼沒》播出之後，主持人周明增把這稱爲「千禧年最驚悚的靈異Ｖ８」，因此應該是二〇〇〇年的事了。換言之，《神出鬼沒》的製作組是在一九九九年十月後到二〇〇〇年春天之間去訪查紅衣小女孩的蹤跡。這時候找不到答案當然很正常，誰會記得一年半前某一天，某個小女孩穿了全身紅的衣服？除此之外，那段Ｖ８的解析度很低，人臉也失眞，就算眞的有人眞的認識當事小女孩，也很可能無法從Ｖ８影像辨識出來。

除此之外，另一個「紅衣小女孩是鬼」的主張，則訴諸影像的直觀。例如文章前的引文所說的：「紅衣小女孩事實上很可能就是那邊的魍魎之類的，借了個小女孩的形在動，只是臉上的那股妖氣，還有那詭異的舉動，是怎麼樣也藏不住的。」

不過關於這點，潘建志二〇〇七年就曾在網誌中破解。紅衣小女孩之所以面色青白、眼窩發黑，是因為V8拍攝容易產生的現象。紅衣小女孩所處在的位置，恰巧就是V8拍攝最容易失真的位置。除了紅衣小女孩以外，其他經過該位置的呂家人，也都呈現面色青白、眼窩發黑的樣子。

也就是說，「紅衣小女孩是鬼」主張其實證據不足，要做出推論還嫌太早。果然，這個推論也無法說服人，那些不願意接受「紅衣小女孩是鬼」的人們感覺被騙了。這種被騙的感覺，產生了「紅衣小女孩作假」的傳聞。畢竟如此一來，所以謎團都可以解決了。

而恰巧在二〇〇〇年代，正是「靈異節目作假」一說被證實的時候。

靈異節目作假？外景主持隊現身說法

其實「靈異節目作假」的質疑一直都存在，但因為靈異節目的製作人員一向否認，因此就算事實如此，也無從證實。只是，有時也可以聽到內部人員放出的一些消息。

二〇〇六年三月的某集《康熙來了》，請來了曾經擔任靈異節目外景主持隊的阿嬌、周姿君和廖家儀三人。周姿君曾經參與《第三類接觸》、《穿梭陰陽界》和《暗光鳥新聞》，廖家儀則參與《穿梭陰陽界》和《神出鬼沒》。其中廖家儀講了兩個作假案例。一個是工作人員自製「靈異V８」，其中一人披白布扮成鬼，另一人則拿著V８，偽造成不小心拍到鬼的樣子。她還說明了掌鏡的技巧：前兩次要拍不到，拍到之後要裝成無意間拍到，之後還要放大確認一次沒有東西，再晃著鏡頭跑走，表現出被嚇到的樣子。另一個則是她和周姿君去了泰國鬼屋，所謂的「老師」煞有其事地說起那個地點發生過怎樣的恐怖事件，現在旁邊哪裡有鬼。結果計程車司機卻半路殺出來，承認他剛剛帶錯了路，可見「老師」全是一派胡言。

除此之外，由於這些靈異節目就是要追求節目效果，因此對待外景主持人全都非常差勁，就連她們跌倒了也不扶，只是拿著攝影機繼續拍。他們還會強迫主持人主動去做「可能會遇到鬼」的事，例如讓周姿君半夜在辛亥隧道裡開上一整晚的車，或是讓廖家儀不拿手電筒、隻身下去黑暗的坑道待上十分鐘。

從這些安排可以看出，靈異節目發了瘋地在追求靈異，因此可以設想，有時就算存在反證，他們也會傾向視而不見，好維持住那種靈異感。那麼我們寬容地想，就算「紅衣小女孩」不是造假，靈異節目的「查證」過程也很顯然不可信。畢竟當節目追求的是「靈異效果」，而非「眞相」。

靈異節目的繼承者——都市傳說Youtuber

靈異節目之風盛行於一九九〇年代，二〇〇〇年代初仍有不少靈異節目，但因爲內容千篇一律，以及陸續被踢爆造假而逐漸式微。這意味著臺灣人的品味進化了，不再喜歡靈異內容了嗎？並非如此。現在網路上有許多主打「挑戰都市傳說」的Youtuber，他們就是網路世代的靈異節目。他們也和當初那些電視靈異節目一樣，爲了靈異效果而在半夜刻意招鬼。他們證明了，靈異主題依然廣受歡迎。正是這種對靈異的渴求，催生了鬼怪。現在，新的靈異影片依然在源源不斷地誕生中——或許，很快就會出現「下一個」紅衣小女孩。

後記
是忘記了，還是害怕想起來？靈異替代了遺忘

這本書所收的都市傳說，多半流行於一九九〇至二〇〇〇年代初期。而這一段時間，正巧就是靈異節目稱霸的時代。一九九三年台視節目《玫瑰之夜》推出了《鬼話連篇》單元，從此開啓了靈異節目的盛世。各種靈異綜藝節目陸續開播，藝人們在節目上分享自己的親身經歷、討論最近蔚爲話題的靈異傳聞，還有外景主持隊前往各種傳說鬧鬼的地點試膽。除了靈異節目以外，一九九〇年代也是各種「鬼話」流行的年代，例如陳爲民所寫、由希代出版社推出的《無聊男子的軍中鬼話》。這個氛圍一直持續到二〇〇〇年代初期，二〇〇二年，電視上仍同時有十三檔靈異節目正在播出。

正是這種好談鬼神的靈異氛圍，影響了當時臺灣人的心靈，各種靈異的都市傳說才會如此容易傳開。

這和日本的脈絡相似。根據松田美佐《流言效應》，日本是在一九八〇年代末到一九九〇年代初，興起了「都市傳說」的熱潮。原本口頭傳播的都市傳說被包裝成標題聳

動的雜誌、書籍，到了後來，「都市傳說」已成了「以都市傳說爲原型創作出來的故事」。日本的都市傳說與臺灣後來的靈異風潮一樣，都具有強烈的消費性。但這說明了，這些詭奇內容是有市場的。

但是一九九〇年代，也正是臺灣原有的民俗傳說被遺忘的年代。

我是臺北地方異聞工作室的一員。我們工作室研究的妖怪傳說，因爲國民政府來臺後，臺灣被當作「文化中國」、本土傳統受到壓抑，這些本來存在的本土神怪，逐漸被大眾所遺忘。

但是當解嚴後，出現了渴求怪異內容的市場。那爲什麼這時候登上舞台的，是那些新生的鬼故事，而不是民俗傳統中的妖怪呢？

更不用說這些新誕生的鬼故事，是對於過去的拋棄與錯置。日治時期本來只有零星的刑場，但是鬼故事中錯置了外省族群的日軍記憶，臺灣成了遍地日軍刑場的殺戮之島，然而眞正能記憶過去的本土妖異，卻無緣爲人所知。

我會想像在另一個時空，臺灣沒有經歷對本土文化的摧殘，所以當靈異浪潮來臨之時，傳統的妖怪傳說可以跟都市傳說一同進入大眾的視野。在電視上、在雜誌上、在網路上，竹篙鬼、金魅、椅子姑、魔鳥，和嬰靈、紅衣小女孩、人面魚一同出現。它們一樣廣爲人知，一樣是電影、戲劇、漫畫等大眾娛樂的靈感來源。

可惜臺灣現狀並非如此。在臺灣大眾娛樂文化興起、渴求內容的時代，塡補市場的並非本土的記憶，而是無根的靈異故事。這不是很好地說明了，一九九〇年代臺灣對於過去的遺忘，有多麼徹底嗎？

這本書中所收錄的都市傳說，若是未經搜集，也即將被忘記。（它們很多傳播於二〇〇〇年初的網路，而這些網路資料正在飛快地消失中）爲了對抗臺灣的慣性遺忘，我希望能爲當代做史。這本書，就是一九九〇年代臺灣大眾的心靈小史。

參考資料

《吸血的蝙蝠》，司馬中原著，皇冠出版社，一九八九年。
《中廣聯播熱線丐童風波案研究報告》，中華民國新聞評議會，中華民國新聞評議委員會，一九九〇年。
《無聊男子的軍中鬼話III》，陳爲民著，希代出版社，一九九三年。
《都市傳奇：流傳全球各大城市的謠言、耳語、趣聞》，維若妮卡．坎皮農．文森、尙布魯諾．荷納著，楊子葆譯，麥田出版，二〇〇三年。
《消失的搭車客：美國都市傳說及其意義》，布魯范德著，李揚、王玨純譯，廣西師範大學出版社，二〇〇六年。
《學校怪談的台日比較》，謝佳靜著，南台科技大學應用日語系碩士論文，二〇〇九年。
《媒介文化論：給媒介學習者的15講》，吉見俊哉著，群學出版社，二〇〇九年。
《現代台湾鬼譚──海を渡った「学校の怪談」》，伊藤龍平、謝佳靜著，青弓社，二〇一二年。
《臺中市市定古蹟「原臺中刑務所典獄官舍、原臺中刑務所浴場」調查研究及修復再利用計畫》，黃俊銘計畫主持，臺中市文化資產處出版，二〇一四年。
《流言效應：沒有謠言、八卦、小道消息，我們不會有朋友、人脈，甚至活不下去》，松田美佐著，林以庭譯，一起來出版，二〇一九年。
〈西法東罰，罪及婦女：墮胎入罪及其對戰後臺灣婦女的影響〉，吳燕秋著，《近代中國婦女史研究》第十八期，二〇一〇年十二月。

〈臺灣戒嚴時期政治案件不當核覆初探：以蔣介石爲中心的討論〉，蘇瑞鏘著，《臺灣文獻》，第六十三卷第四期，二〇一二年十二月。

〈盜腎傳說，割腎謠言與守國敘事〉，施愛東著，《華南師範大學學報（社科版）》，二〇一二年第六期。

〈陰陽同悲，人鬼共愁：二二八靈異物語〉，李禎祥著，《民報》網站。（https://www.peoplenews.tw/news/72abbe9e-814a-4637-8202-9609b556c514）

Brunvand' Jan Harold, *The Baby Train and Other Lusty Urban Legends*, W. W. Norton & Company, 1993.

Marc L. Moskowitz, *The Haunting Fetus: Abortion, Sexuality, and the Spirit World in Taiwan*, University of Hawai'i Press, 2001.

"Kidney Theft" , Snopes（https:// www.snopes.com/fact-check/organ-nicked-vegetable/）

"Kidney Theft II" , Snopes（https://www.snopes.com/fact-check/youve-got-to-be-kidneying/）

"HIV-Infected Needle Attacks" , Snopes（https://www.snopes.com/fact-check/hiv-infected-needle-attacks/）

"Does KFC Use Mutant Chickens?" , Snopes（https://www.snopes.com/fact-check/kfc-mutant-chickens/）

"Amusement Park Scalping" , Snopes（https://www.snopes.com/fact-check/hell-toupee/）

國家圖書館出版品預行編目資料

特搜！臺灣都市傳說 / 謝宜安 著.——初版. ——
台北市：蓋亞文化，2020.03
冊；公分. ——
ISBN 978-986-319-470-5(平裝)
1.社會史 2.報導文學

540.933 109000151

YD008

特搜！臺灣都市傳說

作　　者　謝宜安
內頁插畫　PAPARAYA
封面設計　莊謹銘
主　　編　黃致雲
總 編 輯　沈育如
發 行 人　陳常智
出 版 社　蓋亞文化有限公司
地址：台北市103大同區承德路二段75巷35號
電話：02-2558-5438　傳真：02-2558-5439
電子信箱：gaea@gaeabooks.com.tw
投稿信箱：editor@gaeabooks.com.tw
郵撥帳號 19769541　戶名：蓋亞文化有限公司
法律顧問　宇達經貿法律事務所
總 經 銷　聯合發行股份有限公司
地址：新北市新店區寶橋路二三五巷六弄六號二樓
電話：02-2917-8022　傳真：02-2915-6275
港澳地區　一代匯集
地址：九龍旺角塘尾道64號龍駒企業大廈10樓B&D室
電話：+852-2783-8102　傳真：+852-2396-0050
初版四刷　2022年5月
定　　價　新台幣330元
Published and printed in Taiwan

GAEA ISBN / 978-986-319-470-5

GAEA

GAEA